中国今日家庭系列
Today's Chinese Family

I0149429

走出**婚姻**的误区

袁大同 著

Escaping THE
MISUNDERSTANDING
OF *Marriage*

甘肃人民美术出版社

图书在版编目（CIP）数据

走出婚姻的误区 / 袁大同著. —兰州 ：甘肃人民
美术出版社，2013.9
ISBN 978-7-5527-0154-8

Ⅰ . ①走… Ⅱ . ①袁… Ⅲ . ①婚姻—通俗读物 Ⅳ.
①C913.13-49

中国版本图书馆CIP数据核字(2013)第214773号

走出婚姻的误区
袁大同 著

责任编辑：朱　珠
封面设计：田　可

出版发行：甘肃人民美术出版社
地　　址：兰州市城关区读者大道568号
邮　　编：730030
电　　话：0931-8773224（编辑部）
　　　　　0931-8773269（发行部）
E - mail：gsart@126.com
网　　址：http://www.gansuart.com

印　　刷：环球印刷（北京）有限公司
开　　本：880毫米×1230毫米　1/32
印　　张：9
字　　数：200千
版　　次：2013年9月第1版
印　　次：2013年9月第1次印刷
印　　数：1~10 000
书　　号：ISBN 978-7-5527-0154-8
定　　价：32.00元

序 言

在这个世界上，父亲最爱的是母亲和我，这一点我从未怀疑过。

父亲曾经问过我以后是否想拥有和他们一样的婚姻。如果我说想，那是因为他们婚姻中美好的部分吸引我；如果说不想，那是因为我不希望在我的婚姻里看到同样的情况。我们都是罪人，即使我们都信主，仍然是两个罪人在一起的婚姻；即使我们都学习了各种有关婚姻的教导，也并不意味着我们的婚姻没有问题。我很同意父亲的说法，没有完美幸福的婚姻。我觉得我的父母并不是给人们树立一个模范基督徒夫妻的典型榜样。我一直认为那种所谓树立让人效仿的榜样的模范夫妻并不真实，也是学不来的。因为每对夫妻的情况、性格、环境都不尽相同，没有人可以照搬效仿，或者以之为目标而努力，让自己成为那种理想的样式。我自己的婚姻也不可能像别人那样。但是我愿意学习并拥有的是父母对婚姻的理解和信念，当然这些也都是建立在《圣经》的教导之上。

母亲的身体状况一直不好，父亲让我从他们的现实生活中学到了什么是真正的"不离不弃"。这些深刻的感受，都是父亲的真实行动所教给我的。他让我明白，就算另一半出现未曾料到的状况，就算夫妻二人有了问题，都不要离弃。

这并不是说除了身教，言传并不重要。婚前父亲所给我的教导，也一直影响着我对婚姻的态度。虽然我结婚还不满一年，但是父亲教导给我的内容，一直给我力量，使我愿意去尽丈夫应尽的本分，认真地把《圣经》中丈夫的准则作为衡量我所有行为的标准。这些原则让我意识到自己不对的地方，学会体谅妻子；当她给我意见时，这些原则也给我力量让我去认识到自己的错误，并努力去改正。

我从父亲对婚姻的教导中学到的最重要的内容是：二人的结合不在于憧憬或努力拥有万事无忧的幸福婚姻，更重要的是要认识婚姻的本质。要树立一个坚定的信念，无论如何我们都会在一起，为这个婚姻、为这个家庭努力。在这个过程中我们坚持不懈的力量，改变自己（而非对方）的力量就来自于我们的上帝。

在父亲的新书出版之际，我深深地感恩，感谢上帝给我这样的父母，也感谢上帝带领父亲写下这些话语。

袁　震

目　　录

引　言

　　没有异象，民就放肆，惟遵守律法的，便为有福。（箴29:18）

　　异象是人受圣灵的引导，在头脑中所感受到的特别景象，或经历的奇异境界。这景象可以使经历者从中醒悟出从上帝而来的使命。当人看到这个远景的时候，他就会朝着这个方向去不懈地努力，也会因为有了前进的目标而力量倍增。如果人看不到这个远景，没有前进的目标，就会"各人偏行己路"。现在社会上的婚姻状况就是如此，人们如果不知道上帝对婚姻的神圣目的、计划和美好律例，那么就会按照自己个人的心思恣意妄为，或者随波逐流。

　　本书的目的是想更清晰地描述上帝向作者所展现的婚姻异象，帮助读者从《圣经》中了解上帝为婚姻所规范的律例和法度，以及他在《圣经》中所启示的真理和恩典。当我们的婚姻生活真正按照《圣经》的原则去行的时候，上帝的祝福就会到来。

　　每桩婚姻都存在很多的矛盾、冲突、痛苦，如果婚姻中的夫妻双方心中没有上帝，那么这些苦难注定会对他们之间的关系产生极大的破坏作用。就像《恩友歌》中所唱："多少平安屡屡失去，多少痛苦白白受，皆因我们未将万事，带到耶稣座前求。"但是，如果我们有上帝在心里，情况就大大不同了。因为圣灵会带领我们从《圣经》中得到问题的解答，并化腐朽为神奇，将那些磕磕绊绊、矛盾冲突变为婚姻的祝福。同样的生活经历，对我们而言是咒诅还是祝福，完全取决于你在多大程度上信靠这位独一真神。

《圣经》告诉我们说"上帝的话是脚前的灯，路上的光"。什么叫做"脚前的灯，路上的光"呢？我们的一生就好像在漆黑的夜里走在回家的路上。行夜路的时候，有两个亮光对我们来说是至关重要的。

一个亮光是我们"脚前的灯"，就是你要打的灯笼。灯笼只能照亮你脚前这个狭小的区域，不能照得很远，所以它的作用只是让你不摔跟头。这个光亮固然十分重要，但如果只有脚前的灯，虽然可以保证走夜路不跌倒，但是你却不知道该往哪里走。走了半天可能越来越偏离了方向，甚至于又绕回到原地来了。

因此，为了不白白浪费时间和体力，你还需要另一个光。那就是"路上的光"——万籁俱寂的茫茫黑夜里，你看到一个微弱的光在远处闪烁，你知道那就是你家中的亲人为你的归来所特意留的灯。那"光"指明你回家的方向，告诉你前进的目标。但如果你只有"路上的光"，而没有"灯"为你照亮脚前的路，那么你尽管知道往哪里走，却总是会摔跟头，甚至会坠入悬崖。

所以《圣经》为我们的人生道路提供这两个不可或缺的亮光：一个指示你往哪走，另一个让你不摔跟头。二者缺一不可。

我们做婚姻辅导工作也是如此。我们不仅需要"脚前的灯"，更需要"路上的光"。

如今做婚姻辅导工作的机构团队越来越多，但是却常常只提供"脚前的灯"。他们侧重于帮助夫妻学习互相理解的沟通方法、传授解决夫妻冲突的技巧，这些可能会有助于使我们的婚姻"不跌倒"，但是却不能告诉我们的婚姻应该往何处走。婚姻到底是为了什么目的？只是为了让我们幸福和谐地走完人生道路吗？你不知道往哪走，你的婚姻就很可能离上帝为你所设定的目标越来越远。很多基督徒会注重于建立自己和谐、美好的家庭，但是却失去了"按照上帝的期许去生活"这一更加重要的意义，所以我们不仅需要脚前的灯，也需要路上的光。

为达到这一学习目的，我们必须回归《圣经》。根据《圣经》的真理来纠正人们对婚姻认识的几个误区。

第一个误区：
男女都一样

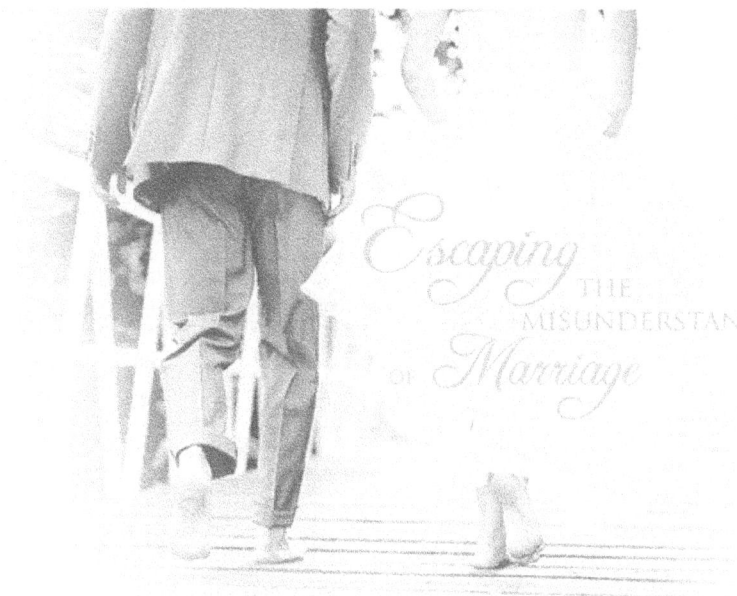

Escaping THE MISUNDERSTANDING OF Marriage

流行的教导：男女都一样

有人说："时代不同了，男女都一样。"这是一个谎言。因为时代无论怎么不同，男女都永远不可能一样。但是因为从小被教导男女都一样的观念，在当代社会，很多父母也对男孩、女孩一视同仁，因此男女性别之间的差异和特点正在被逐步扼杀。我们知道，任何事物存在的价值在于它的独特性和不可取代性。上帝从不造两个完全一样的事物。葛培理曾经说过一句名言："如果婚姻里的两个人是完全一样的，那么其中有一个人就是多余的。"由于长期以来社会在各个方面混淆男女界限，造成了以下一些严重的后果：

一、年轻一代失去作为男人或女人的人生目标，普遍中性化甚或异性化，同性恋倾向越来越严重

上帝造人是为了反映上帝的形象。所有美好的形象都来自上帝，虽然许多形象是没有性别色彩的，如：忠诚、委身、自我牺牲、慈爱、怜悯、饶恕、接纳……但不可否认，上帝诸多形象中有一些体现阳刚之美，也有一些体现阴柔之美。所以上帝造出男人和女人分别侧重地反映他的这些形象。这就是为什么你会看到，某些形象是明显地带有男性色彩的，如：勇猛、有力、顽强、刚毅、果断、承担、粗犷……；而某些形象是明显带有女性色彩，如：温柔、体贴、贤惠、沉静、妩媚、细腻……。

孩子刚一出生，外表看上去都一样，仅仅只有外生殖器是不同的。人们只能从这一点来分辨是男是女。从0岁到大约18岁这段时间里，孩子在大人的引导下开始向两个完全不同

的性别特征发展。而父母在这一时期的影响作用尤为重要。父亲男性阳刚之气的关爱和母亲女性阴柔之美的关爱，就像是阳光和雨露滋润禾苗一般滋润着自己的儿女，二者都不可或缺。上帝借着父母与孩子之间的接触和互动，使孩子逐渐意识到自己是属于父亲这一类的，还是属于母亲这一类的。如果认识到上帝造男人和女人是不同的，那么人们对男女孩童的性情发展就会有不同的培养目标和导向期待。但是现今社会，很多人在培养孩童时没有为男女分设不同的目标，而是"男女都一样"。当人们扼杀了男女之间的区别而一视同仁地对待时，最明显的后果就是随处可见的一个普遍现象：越来越多的青年人从内心到外表，从性情到装束，都是男不男女不女。男女向中性化发展已经成为当代社会的所谓"时尚"。你从人们对演艺明星追捧的口味就可以看到这一趋势，越中性化或者越异性化的演员越受欢迎。由于这样的氛围充斥着整个社会，使得许多正常的人也像温水煮青蛙一样逐渐见怪不怪了。

我几年前在北京的地铁站里看到一个男性化妆品的广告。不知道从何时开始，男人都开始热衷于过去只有女人才用的东西了。（记得我当初在黑龙江生产建设兵团的时候，某个男生因曾用雪花膏抹脸，足足几个年头都是男生宿舍里茶余饭后的笑柄。）

那个地铁广告是这样的：有一个长相甜得发腻、略带女性味道的男人，往脸上抹着白色的油膏，眼睛还带着很暧昧勾人的眼神。每当乘坐地铁时，我就要找一个远离那个广告的地方等车，因为一看到那个广告我就有要呕吐的感觉。我在一次与青年人座谈的时候，提起那个广告，可下面的青年人都说："袁老师，我们每天也坐地铁，怎么没看见？"

我又详细地描述一阵之后，一个青年恍然大悟："哦，我知道您说的是哪个广告了。我们也看见了。不瞒您说，袁老师，我刚看见时也觉得挺不舒服的，可后来看着看着就习惯了。"——看到没有？有多少曾经令人作呕的事情，人们都是这样看着看着就习惯了的？从不舒服到潜移默化地接受，然后再到普遍视为时尚，虽然这是需要一个过程的，但是你会发现这一过程越来越短了。目前，社会各方面混淆男女区别的态势愈演愈烈，这反映了什么？反映了这种倾向性严重失控。

二、独生女家庭如果对未来缺乏安全感，必会加重年轻一代女性性格男性化的趋势

撒旦的手段之一就是要扼杀男女性别的差异和特点，让人们相信男女都一样。现在很多独生女家庭，父母就不愿把女儿当女孩养，因为女儿是"我的依靠，我未来的期望"，她不能像个"水做的女人"，所以就教导女儿不能太柔弱，以后不能都听丈夫的，女人要强悍！否则父母全部的努力都付诸东流了，成了给人家培养儿媳妇了。诚实地讲，这是许多家长的心态，也是社会观念错误引导的后果。许多家庭不认识上帝，或者认识上帝以后，也没有去了解上帝的心意，再加上没有脱去老我的自私与狭隘，从自私的角度扼杀男女的区别，混淆男女的界限，结果界限差别越来越小，男女越来越混为一谈。所以可以明显地看到现在年轻一代的女性性格普遍都比男人还张扬：伶牙俐齿、喋喋不休、咄咄逼人，总之，大有男性化趋势。

三、如果婚姻中的男女失去其各自性别、性情特质，夫妻之间的相互吸引力必定减弱。

婚姻中的男女一旦失去各自的性别、性情特质，如何还能互相吸引？异性相吸，就好像磁铁，阴性越阴，阳性越阳，这磁铁的吸力就越强。但现在你会发现，男不男女不女、阴不阴阳不阳，夫妻间彼此的吸引力在减弱，婚姻的质量也在下滑。

《圣经》的教导：男女不一样

《圣经》告诉我们：男女不是一样的，乃是大不同。上帝绝不重复创造，上帝所造的任何一个人都有特点，任何一个个体存在的价值都在于其与众不同，如果两方都一样，那就失去了存在的价值。彼此的不可替代性是在上帝眼中的价值。"然而照主的安排，女也不是无男，男也不是无女。"（林前11:11）没有男人就无所谓女人，没有女人男人也没有存在的意义，他们是彼此互为价值的。

下面我们以《圣经》为依据，重点从三个方面来讲述男女的大不同：

第一、上帝造人的时候男女使用的材料不一样，质地不一样，功用不一样。

第二、男女材料不一样，在家里的角色不一样。

第三、男女受造的目的不一样，所以犯罪后受到的咒诅也不一样。

总之，这三个方面的不同，就造成了男女在思维方式、身体构造、做事风格上都是完全不同的。

一、上帝造男女所使用的材料不同，因而男女的质地不一样

上帝造男造女用的材料不一样。男人是用什么材料造的？——尘土。

> 耶和华上帝用地上的尘土造人，将生气吹在他鼻孔里，他就成了有灵的活人，名叫亚当。（创2:7）

如果男女都一样的话，上帝一定是拿起尘土造成男人，吹了一口气活了；然后一转身，拿起另外一堆尘土，又造成了一个女人，再吹了一口气又活了——那么男女就是一样的了。

事实是上帝只拿尘土造了一个男人，而没有再用尘土造一个女人。那上帝用什么材料造的女人呢？——男人的肋骨。

> 耶和华上帝就用那人身上所取的肋骨造成一个女人，领她到那人跟前。（创2:22）

《圣经》告诉我们：男人被造出来时是一个整体，上帝从男人这个整体中取了一部分——一根肋骨，造了女人。这就表明：在婚姻关系中，丈夫是主体，妻子是丈夫的一部分，是他的肢体，不是独立于丈夫的个体。这一创造也启示我们，男人和女人不是一样的，不是并驾齐驱、齐头并进的关系，乃是整体与部分、主体与肢体的关系。这同样也在预

表基督与教会的关系：我们是基督的妻子，也是他的肢体。

> 起初，男人不是由女人而出，女人乃是由男人
> 而出。（林前11:8）

女人来自于男人，而来自的部位也是发人深省的。因为上帝没有用男人的头盖骨，也没用男人的腿骨、脚骨，而是用男人的肋骨造女人。肋骨本身很脆弱，但却富有弹性。肋骨也是最贴近心脏的部位，是用来"护心"的。上帝用男人的肋骨做个女人，就是在表明他的目的：妻子要做丈夫的贴"心"人，理解他的"心"思意念。

这一创造同时也在提醒我们做丈夫的：妻子对于你来说，是最重要而又最脆弱的部分。中国人也有"软肋"之喻：指一个强者身上最薄弱、最容易受到攻击，而且一旦被击中便致使强者全身瘫痪的部分。妻子就是丈夫的这一部位——"软肋"。

二、上帝造男女的目的不同，所以家庭角色不同

我们了解到男女受造的材料不同，质地不同，发挥的功用也不同，那在家庭中男女的角色应该怎样呢？

我们的家好比是一部汽车。汽车是我们常见的交通工具，汽车用于行驶、载物。制造汽车的外壳必须要用钢铁，因为钢铁的性质坚固、不易变形。所以你会看到汽车上凡是需要坚固的部分都会使用钢铁：发动机是钢铁的，保险杠是钢铁的，四个车轮的轴承也得是钢铁的。钢铁结实啊！这就好比是男人的特性，他的作用是保护、遮盖、驱动、导向。

那么，既然钢铁有这么多优点，汽车全部的部件都用

钢铁制造不好吗？车里面的座椅也是钢铁的？车厢的内饰也用钢铁？行不行？不行！这车没人敢要。所以，车厢里的座椅、内饰、照明、音响、车窗就需要用织布、海绵、塑料、木材、有机玻璃等来制作。它们的特性就好比女人，所起的作用是：舒适、温馨、愉悦、安逸，有利于乘坐时减轻紧张和压力。

那么，把这些材料换一换怎么样？

用塑料做车身外壳？不够坚固？那就用硬塑料。

用木制保险杠？不行？那就用硬木的。

……

有这样想法的人，一定会被人看成是思维不正常。但是我们许多现实中的婚姻家庭其实就是存在这样思维不正常的问题。

在我小时候，当时人们的"思维"似乎都很正常。

那时我们家一遇到大的麻烦，我们就盼着爸爸快回来，因为爸爸是我们家最强壮最有办法的人，他回来我们就都有了主心骨，不慌乱了。

可是我们家五个孩子若是谁做错了事，爸爸一发怒，我们就会往妈妈那儿跑，躲在妈妈的身后——我们知道家里哪儿最安全。妈妈像老母鸡护小鸡一样的把我们挡在身后。爸爸咆哮着要责打我们时，妈妈总是故作怒容，好像帮助爸爸教训我们，但实际上是暗示我们给父亲降温的秘诀："还不快认错？说下次不敢了！"我们赶快应和道："我错了，下次再也不敢了！"等爸爸的怒气消了，走了，妈妈才反过来嗔怪我们的不是。

我讲这个故事就是要说明上帝造男女有不同的目的，他们在家里所扮演的角色也是不同的。

因为男人是用尘土造的，尘土来自于自然界，由此你可以知道，上帝造男人是要面对自然界的：狂风暴雨、酷暑严寒、飞沙走石、高山大河。这种挑战是要由男人去面对的。

而女人是用肋骨造的，肋骨来自于男人，由此可知上帝造女人是要面对男人的。

上帝在残酷的自然界和女人之间设立一道屏障，那就是男人。上帝让男人建立房屋使女人得以安居其中；让男人耕种田地使女人可以安享美食。男人开路，女人走路；男人架桥，女人过桥；男人划船，女人坐船；乃是天经地义的事。而若没有女人温柔的安慰和体贴，操劳的男人就没有动力。这就是为什么亚当一个人孤独地做给动物取名字的工作时一点情绪都没有，"只是那人没有遇见配偶帮助他"，（创2:20），就是在描述他当时的心情：脑子里全是"我的配偶在哪里？"而当上帝把夏娃带到他的面前的时候，他马上就变得精神抖擞。

但撒旦要扼杀这种区别，让女人和男人一样。现在社会鼓吹女人和男人一样，其结果就是，女人失去了男人强有力的保护，而男人也失去了女人温柔的安慰。

现在的情况是男女都出去工作，实际上很多的女人抢了男人的工作。女人原本是面对男人的，结果都不干自己的本职工作，却热衷于做男人的工作。因为日常从事的工作性质对人的性情是有影响的。女人若总做男人的工作，久而久之就变得很男性化。那男人呢？因为男人心里都有一个结：每当与女人有争竞的时候，男人赢了是羞辱，输了更羞辱。无论怎样都是输，所以常常选择逃避。当女人的性格都越来越强悍的时候，直接导致的结果就是男人的性格都开始越来越软弱。

撒旦欺骗我们说男女都一样，结果，绝大多数家庭都以夫妻双职工为常态。白天丈夫、妻子一样在外面工作，同步化，晚上回到家都筋疲力尽。对于身体软弱的女性来说，同样的8小时付出，要远比男性更觉劳累，可是还要面对一大堆非做不可的家务事。爱是需要能量的，有的时候你发觉自己想爱都爱不出来，因为你能量已经耗尽了。

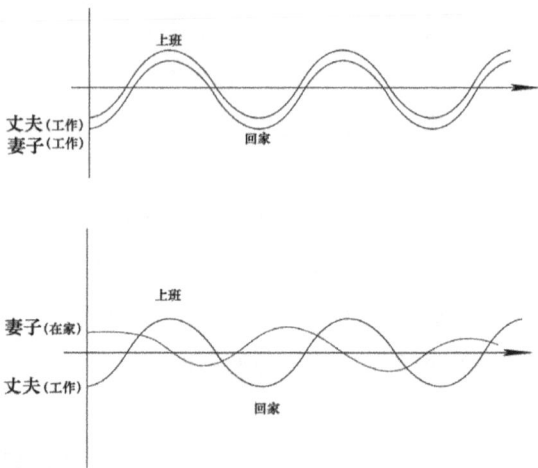

图1　家庭中男女能量分配情况

上帝是让妻子在家里积攒能量。等丈夫回来，你有能量给他温柔和安慰。孩子回来，你有能量给他爱抚和亲昵。妻子在家庭扮演着多个不可或缺的角色：润滑剂、黏合剂、镇静剂、调味剂。这是上帝眼中一个女人真正的价值所在！

很长一段时间，我妻子身体不太好，许多家务要由我来做。我努力想把家里搞得有"家"的样子。但无论我怎样努力，表面看上去还可以，可不知为什么就是没有家的味道，怎么看都像是集体宿舍。我才醒悟到，女人真不容易！没女人打理的家，就不是个家。

这就如同一个军队不能全都是一线战斗员，如果全都是前线打仗的，打完仗以后，再回来一块搭营房、做饭，这样的话，再打仗就没有任何战斗力了。必须有一部分人作战斗员的后勤支持，才能够保证一线军队的战斗力。军队的这一原则是从哪里来的？——家庭。因为上帝先造的家庭，并且将这一智慧早已放在家庭运作的规律当中。后来家庭发展成为家族，家族又发展成民族，民族又发展成国家，国家才有了军队。以色列的历史就是如此：先是亚伯拉罕的一个婚姻，后来发展成家族，而后成为以色列民族。直到出埃及的时候已经有上百万的人，《圣经》还称之为"以色列全家"。那时候以色列还没有专门的军队，所有的二十岁以上能拿刀的男人都是战士。男人就是在一线打仗的，女人在后方作支持的工作。后来以色列立国之后才建立起正规的军队编制，而军队的运作实际上是在效仿家庭最基本的运作模式。

我们为了保证战斗力，需要后勤及时的补给。军队是这样，家也是这样的，每个基督徒都是上帝的战士，我们就是上帝的军队。军队要想有长久战斗力，保持旺盛斗志的话，必须需要充足的后勤，这是上帝赐给我们家庭的目的。所以，家庭在上帝眼中非常重要。

但撒旦就是要强调女人的个人价值与男人体现在同样的方面，诱惑女人要为自己的个人价值奋斗，谎称在家里是没有价值的，如果在家里有价值的话，男人为什么不在家里？因为他有工作和事业，你也要有啊，你也可以有价值！所以女人都被鼓动起来。撒旦不用做很大的动作，他只要贬低家庭工作的价值，女人就不干了，因为她觉得没价值啊。

而今，很多家庭失去了上帝最初为我们所规划的蓝图。

现在多数家庭的情况是，夫妻俩都征战，但都是在外面征战，却不"看守"自己的营垒。二人都工作，晚上下班回来以后，该谁来接纳我们的需求？谁来接纳孩子的需求？爱是需要能量的，但是大家都筋疲力尽，我们都心有余而力不足。所反映出来的就是压力下的消极行为：不耐烦、情绪化、在家务事上讨价还价。

"昨天我做的饭，今天该你了。"

"我今天加班太累了，你受累吧。"

......

即便一方奋力坚持，处理家庭事务的态度也常常是情绪化的。我们工作的果效是由心发出的，消极的情绪必会影响到家庭的氛围。所以当配偶或孩子需要我们的关注和帮助时，我们也常常显得不耐烦，甚至是怒气和呵斥。

上面讲了许多家庭中男女的细节，那在圣经中上帝对男女在家庭中的心意如何？

1、上帝造男人的目的："修理看守"上帝的产业，做上帝的管家。

> 耶和华神将那人安置在伊甸园，使他修理看守。（创2:15）

上帝对男女有不同的要求，男人的责任就是修理看守，做上帝的管家。上帝要男人必须刚强，出了问题要纠正、要负责；遇到攻击的时候，要挺身而出，要把妻子、孩子都放在后面，"你不打倒我，就别想动我后面的"。所以记住了，我们男人的责任是修理看守。家庭的健康运转，有赖于男人的修理看守，当我明白这个道理，家里遇到挑战的时候，就会有一个信念：我要不惜任何代价，保住我的家——这是我的产业，有谁会丢了自己的家产逃跑的，我誓死捍卫上帝给我的产业，绝不逃跑。

婚姻家庭当中，作为头的丈夫要在上帝面前承担主要责任，并且向上帝交账。男人要记住家庭破裂也是你要交账的部分，因为上帝把这个责任给男人了。过去我们婚姻可能有这样那样的混乱，现在我知道要尽这个责任。丈夫是CEO，CEO是向董事会负责的，是首席执行官。首席就是头，毫无疑问你是公司里最大的，但是你不是老板，你属于执行官，你执行的是董事长的命令。董事长是谁？耶稣就好比是我们的董事长。妻子是向丈夫负责的，丈夫是向上帝负责的。妻子是通过向丈夫负责来对上帝负责，通过丈夫来顺服耶稣。正如彼得说："你们做妻子的，当顺服自己的丈夫，如同顺服主。"

我们现在的情况是，男女各顶半边天，遇到事以后，两个人一起负责。大家想一下，一件事情两个人同时负同等责任行吗？任何一个东西，如果两个人同时负责，这个东西准坏得更快，因为都只是利用它，而没有人保护它。就像在机关单位配置的电脑、录像机，如果两个人同时拥有，都在用它，一旦坏了就会互相推脱责任；而如果指定某一个人，归他保管，出事就找他负责，那他就会像保护自己的眼睛一样负起责任来。家庭也是这样，不能够两个人同时负责，必须有一个人负责，他才会竭力来保护。

上帝没有给女人坚强的体魄。女人的肩膀是往下溜的，不能担重担，男人的肩膀是平的，骨头也硬，伸张力也好，是用以修理看守的。许多丈夫跟自己的妻子讲平等：我干什么你也得干的跟我差不多，我才继续干。我做重体力活，比如换煤气，其他活就是你的，什么时候你干的活积攒起来跟我干的差不多了，我就继续干，否则我不干。这也是讲平等带来的问题。

真理不是这样的。男人一定要知道这家是你的，你必须把这个家挺住，你不让女人在体力和精神上减轻外在的压力，女人是无法温柔起来的。男人要记住，你最需要妻子女性的温柔，而不是让她帮你分担修理看守的责任。这一点我深有体会：上帝让男人当头，是要男人挑起负责任的大梁。家庭里，如果男人逃避责任，将会引发很多问题，妻子被迫承担男人应负的责任，变成"当家的"，只会越来越强势，也就很难温柔。

我妻子因为多年来身体软弱的缘故，情绪经常不好，有相当长一段时间里每天愁眉不展。她不跟我发火就很不错了，更不要奢求什么温柔了。她也心疼我，因为看我忙得不可开交，总觉得拖累了我太多，所以她的体力稍微恢复一点，就想帮我干家务活。我当时不知道为什么，一看她干活就发火。她说："我这不是心疼你嘛？你为什么还这样呢？"是啊，到底是为什么？连我自己都百思不得其解。后来上帝开启我的心：他告诉我，我自己最需要的是妻子女性的温柔，而不是家务劳动方面的支持。所以我就跟妻子说："你不用干活，你若真心疼我，就坐着跟我聊聊天、说几句贴心话、夸夸我，或者摸摸我、抱抱我、跟我亲近亲近。这是我最需要你给我的。别的我都可以自己做，做不过来我可以请小时工帮我。但这些需求，非你不可，无人取代。"

以女人的温柔对待你的丈夫，实际上就是上帝给妻子的责任，是妻子的正业。可是太多的妻子不懂这个道理。要知道：

是左使右成为右；是右使左成为左；

是上使下成为下；是下使上称为上。

左能使上成为上吗？不能！

同样的道理：

是男使女成为女；是女使男成为男。

这就是"然而照主的安排，女也不是无男，男也不是无女"（林前11:11）的真正含义。你不要想从其他人那里找到男人和女人的感觉。只有你的父母亲能使你成为儿子，只有你的儿女能使你成为父亲；但他们任何人都不能使你成为完整的男人或完整的女人。

当得到女人的温柔的时候，对男人来说就好像是被取走的肋骨又回到自己的原处，得到大大激励。可是，现在很多妻子都"不务"妻子的"正业"，反而去抢男人的活儿，你越不干女人的活儿，就越不像女人；你越抢男人的活儿你就越像男人。

反之，当让男人多务男人的"正业"，他才能学做男人。你越不让男人做决定，他就越不承担责任，那还怎么做上帝的管家呢？承担、决断、负责，这是男人的特质，如果他失去了这些特质就很不像男人了，久而久之你也会感到他缺少男性的魅力。

2、上帝造女人的目的：为了男人而造。

并且男人不是为女人造的，女人乃是为男人造的。（林前11:9）

上帝造男人不是只要他做丈夫的，男人做女人的丈夫只是他来到这个世界的重要责任，但却不是全部的、惟一的责任。除此之外他还要"治理这地和管理一切的活物"。也就是说，上帝没有让男人做"全职"丈夫，他除了要支撑好一个家庭之外，还必须做一些面对自然界或社会的工作。男人要么面对自然界：栽种、开采、制作、建造等；要么面对社会：管理、教导、牧养、仲裁等。

但是女人不是为了修理看守而造，"女人乃是为男人而造的"。

女人最初被造时，有三个称谓：配偶、女人和夏娃。这也体现了女人被丈夫所需要的三个方面。上帝造女人是为了协助男人完成上帝的使命。

1）帮助男人

> 耶和华上帝说："那人独居不好，我要为他造一个配偶帮助他。"（创2:18）

女人的第一个身份是男人的助手。在对待男女孩童时，我们要更新思路。从小要让男孩知道：我是要保护人的，我跟女人一旦发生冲突，我要让着她，因为我是男人，这个概念要从小植入。从小培育女孩，也要让她知道自己的身份：我是女人，女人是助手，要尊重男人。

有个姊妹当了一辈子的经理，是个女强人。他丈夫是一个大学教授，两个人总是争斗。丈夫认为妻子不温柔，妻子认为丈夫是书呆子，能力差。当她信主之后就想调整自己过去不当的态度，但是不知为什么两个人还总是吵。她问我应该怎么办？我反问她跟自己的上司有不同意见时怎么沟通？

会不会跟上司说"你做的什么决定啊，这么笨"？她说："我哪能那么讲？那不早就被炒鱿鱼了！"我于是接着问："那你会怎么说？"她回答："我会微笑着跟他说：您看如果这样……好不好？"我说："对啊！跟你丈夫也这么说就好了啊！"你看她其实不是"不会"，乃是心中没有将丈夫当成头来看。

其实《圣经》向我们展示的夫妻沟通智慧正是如此。

以斯帖向丈夫亚哈随鲁王表达自己意见的时候说：

> 亚甲族哈米大他的儿子哈曼设谋传旨，要杀灭在王各省的犹大人。现今王若愿意，我若在王眼前蒙恩，王若以为美，若喜悦我，请王另下旨意，废除哈曼所传的那旨意。（斯8:5）

以斯帖一口气用了四个"若"来显示谦卑的态度和对王的尊重。你想想王听了之后的感受如何？

做妻子的要想当好丈夫的"助手"，要学习以斯帖这种沟通的智慧。

什么是助手？助手是不做最后决定的人。所以妻子是高参、顾问、谋士，但将做最后决定的权力交给丈夫，因为是他最后承担修理看守全家的责任，并向上帝交账。女人不要想辖管男人，因为想要管辖男人的心态是咒诅（"你必恋慕你的丈夫"）。如果女人要辖管男人，就不能温柔而必须比男人更"男人"才行，否则你降不住他，久而久之你就真的很"男人"了。所以保罗说："不许女人辖管男人。"（参提前2:12）

2）满足男人的需要，填补男人的不足

> 那人说："这是我骨中的骨，肉中的肉，可以称她为女人，因为她是从男人身上取出来的。"（创2:23）

做父母的从小要让女儿知道，自己将来会做男人的助手，补充男人的需要和不足。上帝已经看到亚当心里需要配偶，所以让他昏睡又取走肋骨。他睡觉以前心里空荡荡的，现在一醒来发现不仅心里空荡荡的，身体还少了一部分，所以精神、肉体都需要补充。这不是爸爸、妈妈、儿女或其他人能够补充的，非妻子不可，因为上帝用肋骨为男人造了一个妻子。

女人不要做男人的不锈钢肋骨。肋骨很有韧性，它是保护心脏的，很有弹性，所以女人也是最贴男人心的部分。女人要保护他的心，从里面帮他，不是从外边。然而现在很多女人都是从外面帮男人：

你工作没有了，我托关系给你找一个；

你没钱创业，我跟我父母借一些给你……

这样的帮助都不是男人最需要的，而且常常会伤到男人的自尊。男人在他颓废、沮丧、软弱的时候，最需要心灵的安慰和激励。"因为一生的果效，是由心发出"（箴4:23），这种"护心"的工作是女人特有的，除了父亲，男人不能使男人像男人，只有女人才能使男人像男人。

男人们知道吗？除了上帝以外，你最需要妻子的满足。妻子你一定要务正业，要学会做女人，要满足这个不足，丈夫最需要的不是你在力量上的帮助、智慧上的帮助，他最需

要的是情感的温柔爱抚，你越温柔越女人，你的丈夫必将越来越男人。

3）为男人生养后代

> 亚当给他妻子起名叫夏娃，因为她是众生之母。（创3:20）

《创世记》只记录亚当的儿子，因为家族的血脉是通过男人来传承的。

雅各生了12个儿子，也生了很多女儿，但是《圣经》中只提了一个女儿，因为这个女儿跟以色列的发展历史有关系。还有他玛、路得，这些女人为什么会出现在《圣经》上？因为她们跟亚伯拉罕家族有了婚姻关系，一旦嫁入这个家族，就归到男人的体系里了，可见，女人是随着男人的体系走的。所以男人不是为女人造的，女人乃是为男人造的，其中重要的一项就是为男人生养后代。

但现在越来越多的年轻人愿意过"丁克"生活。为什么不要孩子？因为怕麻烦、加大经济负担、影响事业发展……将孩子看成是负担，而非上帝的祝福，这是一种错误观念，"丁克"家庭就是由这种观念造成的。

> 上帝就赐福给他们，又对他们说："要生养众多，遍满地面。"（创1:28）
>
> 教养孩童，使他走当行的道，就是到老他也不偏离。（箴言22:6）

上帝不仅要我们"生"孩子，而且要我们"养育"孩子。

如果只是生孩子，却没有亲自养育，父母与孩子之间就不可能建立起亲密关系，孩子也很难成为敬虔、正直的人。目前，在我们国家，只生不养的问题越来越普遍。许多年轻父母将自己个人的成功看得比教养孩子更重要，为了事业，撒手把孩子交给爷爷、奶奶、保姆或者老师去养育，这同样不讨上帝的喜悦。母亲在教养孩子的过程中扮演着重要角色，特别是孩子年幼时，更需要从妈妈那里得到足够的关注和爱抚。

此外，妻子母性的一面，不仅表现在对孩子的养育上，也表现在对丈夫的包容上。每个男人的心里，其实都住着一个小男孩，需要妻子用"为母的心"来呵护。"以撒便领利百加进了他母亲撒拉的帐棚，娶了她为妻，并且爱她。以撒自从他母亲不在了，这才得了安慰。"（创24:67）以撒是亚伯拉罕和撒拉的独子，36岁时，他的妈妈撒拉死了。少了女性的呵护和慰藉，以撒的心里面就有一个空缺，一直等到4年后迎娶利百加，他内心对母爱的渴求才得到了满足。

综上所述，了解了女人被丈夫所需要的三个方面，我们就可以重新审视女人在家庭中的价值。

我妻子是在20年前辞职做全职妈妈的。以前我们一到发生口角的时候，我最爱说的一句话就是："你一天到晚在家……"她马上勃然大怒。我现在明白了，因为这是在贬低她的自身价值。这个价值对我们男人来讲也太重要了，你若没这个价值，你就不男人了，不大丈夫了。所以撒旦就开始诱惑女人离开自己的位置，在男人的位置上追求所谓的自我价值。我为什么要纠正这些错误的价值观呢？因为若觉得没有价值，就会不干，若认同了《圣经》的价值，男人就会誓死捍卫他修理看守的工作，女人也就不会离开家庭另寻成就。

1905年美国总统罗斯福在一次对全国母亲的讲话中说，女性的贡献应该主要是在维护家庭生活方面。他将那些不愿意做母亲的女人比喻成战场上的逃兵。你想想现在我们的社会有多少这样战场上的逃兵？所以我们讲支撑整个家庭的经济、维持生活正常运转的责任，是由男人来承担的，男人也必须要承担，而女人则是帮助者。

三、因为受造的目的不同，所以犯罪后的咒诅也不同

> 又对女人说："我必多多加增你怀胎的苦楚，你生产儿女必多受苦楚。你必恋慕你丈夫，你丈夫必管辖你。"又对亚当说："你既听从妻子的话，吃了我所吩咐你不可吃的那树上的果子，地必为你的缘故受咒诅。你必终身劳苦，才能从地里得吃的。地必给你长出荆棘和蒺藜来，你也要吃田间的菜蔬。你必汗流满面才得糊口，直到你归了土；因为你是从土而出的。你本是尘土，仍要归于尘土。"（创3:16-19）

另外，男女不仅受造时材料不一样，受造目的不一样，犯罪以后所受的咒诅也是不一样的（这里的咒诅是指为自己的过失所要承担的后果和责任）。以前我误认为上帝在这个问题上有失公允：在《创世记》里明明是女人先吃果子的，并且将果子给了亚当吃，可是上帝给男人的咒诅却比女人大得多：从上面这段经文看看，咒诅女人的只有一句经文，而咒诅男人的却是三句。后来我才明白：上帝要追究亚当这个

"头"的责任。所以男人们当谨慎，即便是你妻子犯的严重错误，上帝也是要你承担主要责任的。因为你是头。

女人的咒诅主要都是在家庭里面，在怀孕生子方面和在与丈夫的关系方面。"你必恋慕你丈夫，你丈夫必管辖你。""恋慕"在这里不是"爱恋、羡慕"的意思。乃是"觊觎"，就是偷偷地惦记着本不属于自己的东西。本来，上帝创造的婚姻关系是非常和谐的，但是人类有罪之后，情况变了：做妻子的开始惦记丈夫的权利，想操纵自己的丈夫；而丈夫看到妻子向自己权柄发起挑战，就失去了安全感，并开始全力制服自己的妻子。所以，从那以后，上帝所设定的秩序遭到破坏，丈夫与妻子之间就开始了一场历时几千年的夺权与反夺权、掌控与反掌控的斗争。我们若想夫妻关系达到和谐、婚姻得到上帝的祝福，就必须恢复上帝当初为婚姻所设定的秩序。

上帝对男人的咒诅是让他终身劳苦。男人要记住，妻子给我们怀孕生子，并作儿女的母亲，她基本任务已经完成了，再做的都是对你的恩典，你必须要为妻子在家庭的操劳以及为你分担各方面的压力而感恩。

一次我在讲这样的内容时，一位荷兰牧师站起来说："我以前一直认为自己是一个好丈夫，因为我一回到家就帮妻子做很多家务。我帮妻子看孩子、刷碗、擦地板，我一直认为我在帮我妻子。今天袁老师改变了我的想法，原来这都是我的责任，不是我帮我的妻子，而是我的妻子一直都在帮我。"

丈夫们，当你认为这是她该做的事的时候，你就认为是你在帮她，所以你就总觉得自己已经是"超水平发挥"了。但当你转变认识，就会明白"这是我的家，妻子嫁给我，是来帮我建立我的家庭，这些事全是我自己的分内之事，只是自己能力有限，难以承担，所以上帝差派她来帮助我"。你想想看：只要人家来帮助你，你就应该感恩啊！怎么能挑剔人家帮多帮少、帮好帮坏呢？

这位牧师说："等我回荷兰以后，不再跟妻子说'我帮你做'，我得说：'谢谢老婆帮我刷碗！''谢谢老婆帮我看孩子！''今天我手破了，你能帮我刷一下碗吗？''今天我太忙，你能帮我看一下孩子吗？'她做的所有的事情都是为我做的，因为这个家是上帝赐给我的，也是由我来向上帝交账的。"

我看到在国外的许多公司，老板给雇员发工资的时候都要对员工表示感谢，这是因为他们知道：这是他的企业，所有来工作的人都是在帮助他。而我们国内的老板给员工发工资的时候多数都带有施舍的心理，因为他们认为是自己养活了这些工人，这其实完全是本末倒置。这样心态的企业家肯定建立不了一个健康的企业雇佣关系，更别想建立百年企业。同样，没有主人翁心态的丈夫也绝不可能建立起一个健康的婚姻关系和良好的家庭氛围。上帝让男人承担重大的责任。埃及王（就是世界的王的代表）当年下令：女人生下女孩不用杀，生下男孩就全杀了。为什么呢？因为真正的挑战来自于男人，撒旦害怕男人起来。同样，上帝怎样数点以色列的百姓？20岁以上拿刀的。为什么？因为这些人是战士。所以在我们的生活中，弟兄的增加和男性的兴起都是撒旦最不愿意看到的，也是对它最有威胁的。上帝的心意是兴起男人征战，女人则站在男人的后方阵地——在家庭领域里成为男人的后盾和供给。我听说国内的许多神学院，都是女生人数大大多于男生。我要大胆说一句，这里有撒旦的诡计在作祟。因为教会里全是女的，撒旦一点不害怕，他怕的是男人被兴起来。这并不是说女的没有一点价值，而是撒旦最害怕的威胁是弟兄们起来。我跑了全国那么多教会，所看到的服侍者绝大多数是姊妹，男人不起来服侍，即使有男人在服侍，也是老男人或者小男生。现在也有很多考不上大学，找不到工作的男人来服侍上帝来了。过去多是优秀的男人来服侍上帝。

> 耶和华对摩西说："你告诉亚伦说：你世世代代的后裔，凡有残疾的，都不可近前来献他神的食物。因为凡有残疾的，无论是瞎眼的、瘸腿的、塌鼻子的、肢体有余的、折脚折手的、驼背的、矮矬的、眼睛有毛病的、长癣的、长疥的，或是损坏肾子的，都不可近前来。祭司亚伦的后裔，凡有残疾的，都不可近前来，将火祭献给耶和华。他有残疾，不可近前来献上帝的食物。上帝的食物，无论是圣的、至圣的，他都可以吃。但不可进到幔子前，也不可就近坛前，因为他有残疾，免得亵渎我的圣所。我是叫他成圣的耶和华。"（利21:16—23）

现在是考不上大学的才去考神学院。这种现象太多了，很多人要到美国留学，签证很难，出不去的就互相传授一个秘诀：你去报神学院，通过读神学院就可以去美国了，毕业后就可以留在那里"服待"，以达到定居的目的。这种现象很令人担忧。

我们要刚强壮胆，要鼓励20岁以上的男人兴起服侍上帝。现在很多姊妹找不着弟兄结婚，为什么？因为教会里清一色姊妹。上帝也借着这件事情告诉我们问题出在什么地方：姊妹觉得自己能干就冲在前面。但上帝告诉我们姊妹要做助手，教会要把负责"修理看守"的男人聚集起来挑大梁。

当妻子意识到"丈夫是我的祝福，上帝很多的祝福是通过他来给我的"，妻子的心理状态就不一样了。因为知道了你要扮演的角色，也明白了整本《圣经》的真意，就会心悦诚服地听从导演（耶稣）的引领，行在他的心意当中。

总而言之，由于男女受造材料不同、角色不同、受到的咒诅也不一样，导致了男女倾向不一样，在生活中的表现和发挥的作用也不一样。

所以，我们的结论是：

不是男女都一样，

乃是男女有别，各从其类。

第二个误区:
男女平等

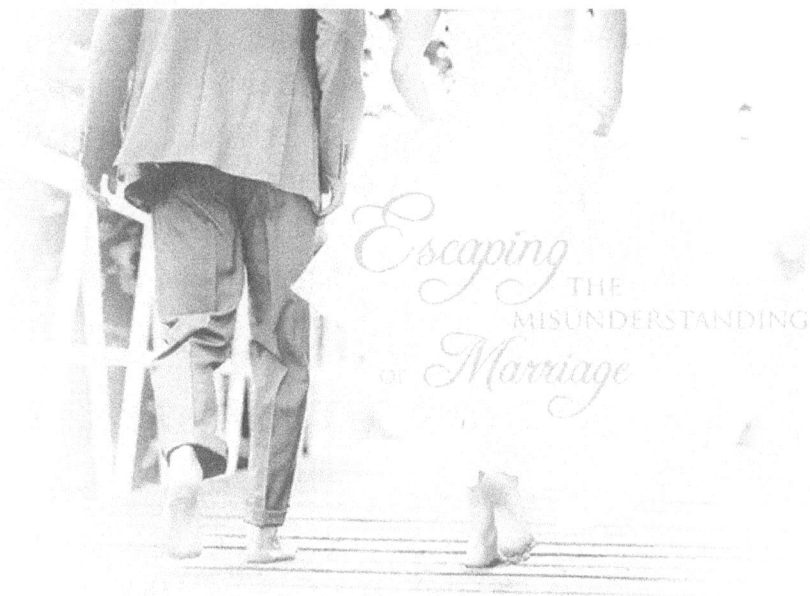

Escaping THE MISUNDERSTANDING of Marriage

男女是否完全平等

有人认为：我承认婚姻里男女不一样，但是我认为男女地位是平等的，因为"上帝面前人人平等"嘛。是的，"上帝爱世人"，就是说他爱每一个人。在上帝面前每一个人的生命都具有相同的价值，当我们来到上帝面前接受审判时，无论是王公贵族还是平民百姓，谁也不比谁更高贵更有特权。但问题是，我们还没有去见上帝呢。在这个现实的社会生活中怎样才是真正的平等呢？因为人都是自私的，我们所要的平等必然是从"我"的角度出发，当我认为平等的时候，他人就可能认为不平等了；而当他人认为平等的时候，我可能又认为吃亏了。

可见，如果没有一个双方都认同的平等，真正的平等也就不存在。

一、《圣经》中的平等（同等）概念

从上帝的角度看，如果平等是那么重要和普遍的话，应该在《圣经》中多次出现，但当我去查考"平等"一词时，只发现了以下几处。我们看看是在什么情况下出现的：

1、大卫指责朋友背叛时

不料是你，你原与我平等，是我的同伴，是我知己的朋友。（诗55:13）

虽然这段经文是大卫在述说当自己受到最亲密的朋友攻击时内心的痛苦，但我们从中能得知，朋友之间交往可以是平等的。因为朋友之间没有形成团队，也没有要共同达到的目标。

2、犹太人认为耶稣僭称和上帝平等

> 所以犹太人越发想要杀他，因他不但犯了安息日，并且称上帝为他的父，将自己和上帝当作平等。（约5:18）

从"三位一体"中"一体"的概念来看，父、子、灵本是一个上帝。既然是一个上帝，就不存在是否平等的问题。"一个"怎么平等？你能说："我是平等的吗？"不行！因为必须是两个以上，才可以谈平等。正因为犹太人不认为耶稣是上帝，所以，当耶稣称"我与父原为一"时，他们才认为耶稣是妄"将自己和上帝当作平等"，因此而犯了"僭妄"罪。

上帝是一位，但当我们强调上帝的三个位格时，却是有次序的——圣父、圣子、圣灵。"他本有上帝的形像，不以自己与上帝同等为强夺的。"（腓2:6）如果连独一无二的上帝在三个位格中尚且有次序，何况我们被造的、有罪的、有限的人呢？

同理，婚姻关系是"夫妻二人成为一体"的关系，所以，从"一体"的角度看，就不能说"平等"。讲平等就是将夫妻看成"两体"而不是"一体"了。但是在一体的婚姻中，夫妻的位份却是有序的。

《圣经》里没有告诉我们要凡事"平等"，而是告诉我们"凡事都要规规矩矩的按着次序行"（林前14:40）。上帝创造的世界是一个一切都井然有序的世界，不是一个一切都平等的世界。若想让马路畅通无阻，必须有序才能正常运转，若讲平等一切势必全乱套。

3、造物主不允许任何被造物与他平等

> 你们将谁与我相比，与我同等，可以与我比较，使我们相同呢？（赛46:5）

受造物想要与造物主平等是造次。什么是造次？造次就是：我不要遵守原有的次序，我要照自己的意愿造一个新的次序。当处下位的人想跟处上位的人平等时，实际上是有了非分之想（不安于自己的本分），有了非分之想就会造次。

4、处下位的想要与处上位的平等就是犯罪

> 我要升到高云之上，我要与至上者同等。（赛14:14）

这句经文就是在告诉我们撒旦是怎么堕落的！他要与上帝同等！我们在实际生活中可以清楚地看到，喜欢并要求平等的一定是处于下位的：

长幼关系中，幼想平等；

父子关系中，子想平等；

雇佣关系中，佣想平等……

十几年以前，我在大学里当老师。有一次我到图书馆印材料，正碰到图书馆的两个管理员在抱怨社会的不公平。

主要内容是骂学校领导总是没完没了地宴请吃喝。等我交钱的时候，我要求开发票。"这么点钱还要发票啊？"她不乐意了，"上面的那么贪，就这几个复印钱都不叫我们拿一点吗？还讲不讲一点平等？"试想她们要是当了校领导，情况会怎么样？我们对那些拿得多的人心怀不平，常常不是因为我们多公正，而是因为我们自己没有机会贪污。所以，在上帝面前我们都是不义的。过去我也特别爱抱怨贪官及世上各种不平之事，现在我才知道多数人抱怨时，实际上常常带有一些嫉妒，因为你觉得对你来说这不公平、不平等。

我们往往错以为上下位之间出现矛盾冲突，都是势力不平等造成的。所以我们就想通过削弱上位的势力，或增强下位的势力来平衡二者。殊不知，当下位的力量越接近上位的时候，斗争就变得越白热化。一旦力量均衡时，人们就产生这样的想法：我和你力量一样，凭什么我必须听你的？历史证明了这一点：过去历代的朝代被颠覆，都是君王之外有一个大臣的力量开始发展，发展到差不多可以与君王的力量相抗衡时，天下就开始大乱了。三国时代就出现数个典型：董卓、曹操、司马昭。当董卓的权势逐渐强大到一定程度时，就有了实力同汉献帝叫板，专权于朝庭之上；曹操刺杀董卓本是除掉篡位奸臣的英雄义举，可是等他的势力坐大之时，他也一样走上了"挟天子以令诸侯"的老路；而当曹操之子称帝之时，又出现了怀有同样心思的司马昭……

过去有一个误区，以为无产者一定是好人。直到今天我们才明白：其实，无产者是个很复杂的群体，不一定都是好人。我们不可否认，无产者是最爱闹革命的。因为即使世界乱个底朝天，对于无产者也只有好处没有坏处。所以处下位的都最喜欢"讲平等"。

历代推翻政权的人或农民起义的领袖，都是利用平等这个口号来达到他们不可告人的目的。"均贫富，等贵贱"最能够让广大的底层阶级产生共鸣，因为下面的人都想到上面去，所以一呼百应。问题是，每一次当无数人付出惨重的生命代价，造反成功之后，社会就赢得他们想要的那种真正的平等吗？没有！又会形成新的权贵阶层，甚至可能越来越不平等。即便是现代，国内最时兴的口号不也是"让一部分人先富起来"吗？先富的人可能会认为这是很平等的，然而那迟迟没能富起来的人呢，他们会认为这是平等的吗？如果人们真的能够凭人的智慧和力量达到平等的话，那么从世界到家庭就不会有那么多的争战了。

其实，早在几千年以前，智者所罗门王就通过《传道书》告诉我们这种所谓革命的后果是什么：

> 贫穷而有智慧的少年人，胜过年老不肯纳谏的愚昧王。这人是从监牢中出来作王；在他国中，生来原是贫穷的。我见日光之下一切行动的活人，都随从那第二位，就是起来代替老王的少年人。他所治理的众人，就是他的百姓，多得无数。在他后来的人尚且不喜悦他。这真是虚空，也是捕风。（传4：13-16）

什么意思呢？人们认为当权者腐朽没落，不可救药，没有希望了，所以寄希望于要改变现状的年轻革命者。因为他们认为被当权者镇压关在监狱里的那些"贫穷而有智慧的少年人"比年老愚昧的当权者要好，所以都跟随他。当随从他的百姓势力大到足以对抗老王时，这智慧的少年人就揭竿而起，取而代之。但是等大家拥戴他做了新王之后，这些跟从他的人逐渐发现他比原来的老王也好不到哪儿去，甚至有过之而无不及。所以就像当初厌恶那个老王一样开始厌恶新王了。你看前面的这些折腾不是毫无意义吗？正所谓"虚空"、"捕风"是也！

5、上帝叫我们不要自己申冤

> 你当默然倚靠耶和华，耐性等候他。不要因那道路通达的和那恶谋成就的心怀不平。（诗37:7）

> 亲爱的弟兄，不要自己申冤，宁可让步，听凭主怒。因为经上记着："主说，申冤在我，我必报应。"（罗12:19）

我们都想靠自己的力量，按照自己的理解和认识来追求平等，但是上帝告诉我们这是一个幻影，你求不来的。历史已经一再印证了这一点，一代过去，一代又来，日光之下并无新事。上帝为我们所定的次序是——处于下位的人，要守自己的本分，学会顺服、安静等待，不要心怀不平、自己申冤。

6、上帝叫我们不要"替天行道"

> 你若在一省之中见穷人受欺压，并夺去公义、公平的事，不要因此诧异。因有一位高过居高位的鉴察，在他们以上还有更高的。况且地的益处归众人，就是君王也受田地的供应。贪爱银子的，不因得银子知足；贪爱丰富的，也不因得利益知足。这也是虚空。（传5:8-10）

这里的意思是：当你看到世界上不公平的事情，不要大惊小怪。当你想用自己的方法，靠自己的力量去平衡时，实际上是你对上帝的公义产生怀疑，因为你想要"替天行道"。当你"替天行道"时，实际上是你认为上帝不公道，你比上帝更公道，你的作法比上帝更有智慧。上帝说世界是有次序的，不公的事情有上面的官长负责鉴察；如果这个官长还是不公的，那么还有更高的官长，每级之上还有更高级别，直到最高的君王。如果君王也无公义可言，那么最上面还有上帝。上帝是公义公平，洞察一切的。他必秉行公义审判每一个人。

人们不禁要问：既然如此，为什么世界上还会有这么悬殊的贫富差距呢？《传道书》告诉我们：那不是因为上帝不公义，而是因为人的贪婪造成的。上帝本来是借着他赐给人的地土所养的牲畜和生长的果蔬来供应所有人吃和用的，哪怕是再多的人，上帝也必能看顾。即便是万人之上的君王，不也只能吃一个人的饭食，睡一张床吗？这就是上面经文中所说的："地的益处归众人"（归所有活着的人），而不是少数人。但人们对上帝没有信心，失去安全感，所以拥有权力和手段的人，就拼命地利用自己的优势巧取豪夺别人应有的份，并将夺来的东西囤积起来，以便日后长久供应自己和后代。这就是贫富两极分化的根本症结所在。

二、男女平等其实会造成男女失衡

无论从生理上还是心理上，上帝造女人是要她成为男人的帮手，女人是天生的弱者。不管是不是信徒，女人内心深处总是想和一个比自己优秀、靠得住的男人结合，目的就是"终生有托"。这也情有可原，问题在于什么才是靠得住的东西？品格！品格才是最靠得住的资本。但如今很多女人都只想找一个外在条件能靠得住的男人，过于看重他的本领、他的身体、他的关系背景，所以"优秀的剩女"越来越多，就是勉强成了婚也容易出问题。

我记得小时候，我爸爸医院里有二百多个员工，只有一个30岁的女护士没结婚，她就成为全院的话题。我的印象怎么这么深呢？因为只要大人们一见面，三五句话就扯到这事上，相干不相干的人都为这个老姑娘操心。现在三十好几不结婚的人还有那么多外人为她操心吗？剩男剩女太多了根本操心不过来。

图2、图3是我制作的示意图，想表达一下我对剩男剩女如何产生的看法。这虽不是惟一的原因，但绝对是最重要的原因之一。

过去社会家庭为男人提供的求学、就业、培养、提升的机会都要比女人多，以前我们误认为这是社会的偏见和不平等造成的。其实这样的做法恰恰是符合上帝心意的。因为上帝造男人是为了"修理看守"，所以必须要给男人"修理看守"的培训和"修理看守"的机会；而造女人的目的是为了帮助男人，所以她的能力培养和工作目标就应该是朝着作为男人帮助者的方向来发展。当我们不认识上帝，而且按照人的肤浅观念，混淆男女差别来搞庸俗的平等时，问题就逐渐显现出来。我们不难发现，当把同龄的男孩、女孩、放在一起进行同样的教育时，男孩往往要落后于女孩。所有的母亲都知道女孩说话比男孩要早得多。尤其在低龄阶段，女孩的各个方面都会比男孩提前发育。女孩第二性征的出现、性意识的觉醒都要比男孩早。我上小学三年级时，体育课男女生是不分开上的。我当时最恨体育课，为什么？因为每次比赛，不论是比速度还是比力量，回回都会输给女生。作为男孩真让我无地自容。学习知识也是如此，女孩因为心理成熟早、理解能力强，而且普遍比男孩安静、用心，注意力也集中，所以班里的优秀生女孩占多、班干部往往也多是女孩担任。本来就为数不多的领导力锻炼机会，也都让女生占去了。

但是我们不能否认，男女发育成熟过程的差别是有上帝的美意的。常常在进入不惑之年后，男性才真正达到身体、思想的成熟，潜力才得以逐渐展露出来。而这时女性的发展则开始受到生理、心理等各方面的制约，所以发展后劲远远低于男性。如果人们对于上帝所创造的这一自然规律视而不见，而一意孤行地施行男女平等的教育体制，则势必产生严重的社会问题。下面是两则媒体近年的报导：

目前中国的高考结果，女生已经全面超越男生

据《中国青年报报道》，上海社科院城市与人口发展研究所副所长周海旺在整理调查问卷时发现男生被女生全面超越是一个"全局性的、趋势性的问题"。数据显示，从2007年开始，普通高校招生的女生数量持续压倒男生。2010年考上大学的女生数量比男生多33万以上。甚至在刚刚结束的高考中，江苏、广东、福建、云南、辽宁、吉林、天津、新疆、广西的文理科"状元"，全部被女生夺得。有分析认为，国内"风格单一、狭隘的教育"，使男女生性别间的差异不断凸显，这将影响男孩日后找工作的成败，催生心理问题，甚至诱发犯罪等社会问题。

人大"男女有别"分数线引争议

近日，中国人民大学招生办公布录取结果。今

年人大首次在提前批次小语种录取时，区别男女分数线。文科的男生分数线601分，女生分数线614分。理科男生分数线则均为644分。此消息传出后，引来争议一片。有观点认为，"男女有别"的分数线是性别歧视，对女生更加苛刻的录取分数，会降低女生的录取概率，对女生不公平。还有一种观点认为，高校从社会需求和自身实际出发，实行招生分数线"男女有别"，在很大程度上是为了解决性别结构严重失衡的问题，这么做是人性化的体现。（解放传媒）

过去由于社会机会向男人偏斜，男人普遍较女性更有地位、能力，也更成熟、强壮。这符合女人要找比自己有更多优势的男人的自然规律。所以，如图2所示：女人基本都能找到自己可以托付终身的男人。

图2

给予男女同样的机会，女人年轻的时候常常会比男人优秀，但这只是阶段性的。这样所谓的男女机会平等，实际上就已经不平等了。

男人青少年时期竞争力暂时处于弱势，这使得他们提升自己各方面能力的机会减少，这一后果意味着女性的"身价"普遍高于同龄的男性。但是无论如何，女人要"找一个比自己强的男人"的自然规律依然不会改变，如图2所示：因为女性整体优于男性，因此剩男剩女就开始产生了。但你会发现：剩女都是好生了得的"白骨精"（白领、骨干、精英）；而剩男呢，则往往都是"困难户"。

看看《非诚勿扰》等电视相亲节目，男女比例不是一对一，而是一比二十四。更有甚者，所谓"百里挑一"，竟然是一百个女人对一个男人——一个个风姿绰约、才华横溢的硕士、博士美女，面对一个男性。而且来相亲的男性，不管在外形、气质还是才华等方面都远远不如这些女性。我不是说剩男多是糟粕，但不可否认，那些有些分量的男人早已经被生活中的熟人、工作中的同事过滤走了，剩下的常常是因为各种因素而找不到对象或结不了婚的：

他可能很有风度，但没有钱；

他可能很聪明，但却没有学历；

他可能很有才华，但个子矮；

他可能……

总之，男人会因为各种原因而不能结婚。所以，剩男大都是被动地成为剩男的。

而剩女则不然，她们多数是主动成为剩女的。

图3

我们看看世人是怎么看这个现象的。

据《广州日报》报道，北大社会学系教授李建新表示，剩女是个伪问题，剩男是个大问题。李建新说，剩女多是主动选择的结果，剩男则更多是条件所限的被动结果。男性适婚人口绝对过剩，他们有旺盛的生理需求却又无法通过正常途径满足，这样一个被社会遗忘的底层大众，若没有必要的"安全阀"，必定带来巨大的负面冲击。

从这则报道中我们可以看到：

1）伪问题不是真的问题。因为原因在于剩女的选择太多，只要不挑肥拣瘦都能嫁出去。但是男人却真会因各种各样的原因想结婚而不能结婚。2）剩女不会给社会的稳定带来任何的威胁，但是剩男却绝对是社会动荡的潜在危险。

但是，李教授开出的"药方"却是提倡消极地排遣压力，而不是积极地从源头上解决问题。

我们看一下，为什么剩男是大问题？因为成年男性到了结婚的生理年龄而结不了婚，他们有迫切的成家立业的内在需要，但通过正常渠道又解决不了，于是乎就出问题了。因为女人是弱者，她们自我控制力很强，会保护自己，剩女再多，也只是自己难受，却不会给社会的安定带来多大威胁。而男人却不同，他们比女人更有侵略性，有必须要解决的问题，如果不能解决，常常是不考虑后果先解决问题再说。想想看，剩男越来越多，中国未来的状况会越来越严重——为什么有这么多的强奸案？这么多的暴力犯罪？为什么有屡禁不绝的拐卖妇女儿童案件？为什么卖淫嫖娼都已半公开化？当下农村人为了到城里打工，大量的夫妻不得不分居，由此又造成了大量姘居的"临时夫妻"。这类问题层出不穷。

综上所述，因不明白上帝为男女所定的次序，是造成剩男剩女现象的一大主因。

男女不是平等乃是有序

> 以色列人从兰塞起行，往疏割去，除了妇人孩子，步行的男人约有六十万。（出12:37）

当摩西带领以色列人出埃及的时候，如《圣经》记载，步行的男人就有六十万，那么加上不能步行的老少男人和所有的女人，保守估计当时以色列人总数应该在百万以上。而上百万的民众，却只有一个领袖摩西。所以就形成这样一种局面：在摩西一人之下，万众平等。以色列民众任何人有什么问题或纠纷，事无巨细都可以直接找摩西来解决。你们可以想象当时的情形吗？摩西一个人从早到晚不干别的，就是坐在那里没完没了地解决民事纠纷。那么怎么办呢？

> 摩西的岳父说："你这作的不好。你和这些百姓必都疲惫，因为这事太重，你独自一人办理不了。"（出18:17—18）

摩西岳父建议：在摩西以下设立各级官长，分阶层、按次序地管理百姓。于是：

> 摩西从以色列人中拣选了有才能的人，立他们为百姓的首领，作千夫长、百夫长、五十夫长、十夫长。他们随时审判百姓，有难断的案件就呈到摩西那里，但各样小事他们自己审判。（出18:25—26）

上帝借着这段历史也在告诉我们一个真理：任何一个团队的建立都要有头。随着团队的扩展，人数的增加，还必须逐渐形成层次管理。如果一头之下，众人平等，即便有头也会混乱。而只有"井然有序"才能使团队正常运作。

当然，在上帝面前我们无论何人在生命的价值上都是平等的。不也有权倾一时的高官因谋杀一草民而被判重刑的案例吗？而在现实生活当中，必然要有层次、有秩序才能保证社会生活正常运行。

一、上帝在《圣经》里也为人类设立了次序

我们前面谈到朋友之间的交往是可以平等的，但只要以团队的形式运作，有共同的目标，就必须讲次序而不能讲平等了。因为一个没有次序的群体是乌合之众，根本没有战斗力。哪怕只是派出两个侦察员，也是形成了一个团队，也得讲次序而不能讲平等。假如领导在临行前对他们说：当遇到危急的事你们两人商量着办，谁说得对就听谁的。果真如此，那一定是还没跟敌人打，他们自己就先打起来了。只要是一个团队就必须由一个人作最终的决定并承担主要责任。《创世记》告诉我们，上帝创造了婚姻关系中的两个人。这婚姻关系是一个合而为一的团队，而不是一般朋友的关系。所以上帝只将命令传达给团队的头——亚当，并且在他们夫妻犯罪之后首先追究亚当的责任。在恋爱期间，二人还没有进入婚姻，所以可以是平等的朋友关系，不存在次序问题。可一旦决定走入婚姻，就形成了一个团队，就一定有次序上的关系。

> 我愿意你们知道，基督是各人的头，男人是女人的头，上帝是基督的头。（林前11:3）

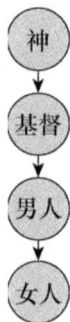

男人是头，女人就是脖子（不可有两个头），所以女人要充分发挥脖子的力量，对你的丈夫发挥积极正面的影响，就算他不是一个好头，女人也要学会做一个好脖子，而不是取而代之成为头。

有句话说"每个成功的男人背后都有一个好女人"，我们的基督教家庭更应该

神 → 基督 → 男人 → 女人

图4　婚姻中的次序

这样，丈夫若是一个属灵的带领者，则一定是有一个属灵的助手在协助他。

此外，男女的次序不仅在夫妻之间很重要，在家庭其他成员之间也是重要的。这也让我想到我们中国家庭在许多亲子教育方面存在这一问题：

有一次我在公园里看到一对年幼的姐弟发生争斗，这种情况在中国是屡见不鲜的，只要姐弟之间发生冲突，家长一定会指责姐姐。家长注重了长幼的次序，却忽略了更为重要的男女次序。久而久之，这个弟弟就被宠坏了，没有机会操练如何做男人、做头、负责任。

果然，他们的父母看到后不问青红皂白，劈头盖脸对姐姐就是一顿呵斥："你怎么欺负弟弟？"

姐姐委屈地说："不是我欺负他，是他欺负我！"

父母更加严厉地骂姐姐说："你是姐姐，不知道让着弟弟？"

姐姐气得大哭，而弟弟在一边幸灾乐祸。

我走过去笑着对他们的父母说："我觉得你们这个态度不对，你应该问男孩怎么能欺负姐姐呢？要知道你虽然小，但你是男人，姐姐是女人。男人不能欺负女人，而应该让着女人，保护女人。"

家长要从小培养自己的儿子有保护女人的意识，只要是和女人起了争执，就一定要谦让，因为她是女人。我们应该让我们的儿子们养成这种"好男不和女斗"的意识。

我妻子从我以往的讲课中了解了我的观点之后，从而掌握了对付我的秘诀：每当我们之间产生难以调和的矛盾冲突时，她就会故作娇嗔地对我说："你又忘记我是女人了！"只要她一出此言，我当时就"刹车"。即便很不情愿地做出让步，但着实也让我的心里平衡了许多："嗨，谁让我是男人呢？你既然承认自己是软弱的女人，那就行了。"

男人的心里一定要有做全家的头并对全家负责的概念，能力是次要的，只要有这个心，上帝就会给你这个能力。

二、次序中，上位与下位的分别

当形成次序之后，必然会产生上位与下位的分别。处上位的一方毫无疑问会在以下几个方面多于处下位的一方，那就是：权力、利益、荣耀（尊严）和责任。比如你是公司的经理，我是你的下属，那么：

你肯定比我在公司里的权力要大（你可以为公司的运作做重大决定，工作中你的个人意志就是下属员工的意志，而我充其量也只能提建议，除此之外就无能为力了）；

你所享受的利益会比我多（你的工资会比我高，待遇也比我丰厚得多）；

你得到的尊敬也会比我多（开会时你要坐在中间，而我却坐在角落里；员工会为你的到来而起立，而对我却视而不见）；

但同时，你所承担的责任也比我大（出了问题，上面会追究你的责任，在你焦头烂额的时候，而我却优哉游哉没什么可担心的）。

好，现在你仔细观察就不难发现：现实生活中，下位所求的平等其实只是在权力、利益和荣耀三个方面，而惟一不想要的平等是在责任方面。上位也是同样：希望保守的也是在权力、利益和荣耀三个方面，而想逃避的也是责任。所以你可以明白，为什么说世俗的所谓"平等"是多么幼稚可笑。

三、只有考虑到男女差异才是公平

上帝造男女目的不同，并使其各有不同的生理特点。正因为如此，所以《圣经》教导我们："你们作丈夫的，要爱你们的妻子，不可苦待她们。"（西3:19）上帝乃是要男人在婚姻家庭生活中比妻子承担更多的责任和工作。因此，如果男人在家庭的责任和工作上跟自己的妻子讲平等，其实就等于是苦待她了。

图5　和妻子讲平等就是苦待

男女身体构造不同：男人强壮女人软弱。

> 我们坚固的人应该担代不坚固人的软弱，不求自己的喜悦。（罗15:1）
> 你们作丈夫的，也要按情理和妻子同住，因她比你软弱。（彼前3:7上）

这里的"情理"原意是"知识"或"理解"——指《圣经》中关于妻子概念的描述和信息。就是说，男人作为丈夫，要按照《圣经》中上帝对妻子的心意来与她共同生活（同住）。

上帝对妻子的心意是什么？那就是我们前面所说的，她是你的肋骨，是你的助手，是你的女人，是你儿女的妈妈。尤其你要记住：她在各个方面都比你软弱。无疑，你是全家最坚固的人，但这不是你的特权，而是上帝为了让你修理看守他的产业而给你的特别恩赐。这恩赐不是为了让你用来谋求个人好处的，而是要你用来担待你妻子和家人软弱的。做丈夫的只有按照《圣经》中待妻子的"情理"行事，才能在做决定时首先顾及到妻子的心理感受如何、体力能否承受得住。

现在，让我们看一看当今社会关于妻子的界定又是怎样的：

妻子认为：女人要独立，要作女强人；要与男人争高下，不向丈夫让寸分。

男人则认为：你要与我讲平等吗？好吧，那么首先家务劳动要平等、挣钱养家要平等、家里出了事承担责任要平等。

今天婚姻纷纷破裂就是因为丈夫们都按照有关妻子的"世俗情理"而不是"圣经情理"来和妻子生活在一起。

做丈夫的要知道"圣经情理"，要了解：妻子跟你不一样，她比你软弱；而且她是你的一部分，是你的帮助者，不是要跟你"各顶半边天"的。有了这种理念，你就不会老责备她，而会爱惜她。女人需要男人的呵护，只有她感到被呵护、被关爱的时候，她才能够充分发挥女人的作用。

因此，当我们在家庭的负担方面跟女人讲平等的时候，实际上是在虐待女人。当女人像男人一样挥汗如雨地劳作，或者女人努力征服男人、征服世界，其实这是男人们的羞辱。我们看到当今很多女人像男人一样做着重体力、高危险的劳动，这不仅是某一个男人的羞辱，也是我们所有男人的羞辱。什么是公平呢？只有考虑到男女的差异才是公平。

图6 这才是这正的平等

我们必须要改变过去的价值观，学习完全从上帝的角度来看待我们当今的社会生活、家庭、婚姻、孩子。因为离了上帝，我们就不能做什么。不讲平等讲有序，表面听起来好像女人的地位比男人低，实际上对女人是更为公平的。有个姊妹说，我们应该提倡新的女权主义。**什么叫新的女权主义？就是回归《圣经》真理、保护女人真正权益。**

那么过去的女权主义是什么？就是倡导"男女各顶半边天"，男人做的事，女人也都要做。既然平等，那么女人做的事，是不是男人也都要做呢？如果只要求女人做男人的事，而不要男人做女人的事，是不是又不平等了？但是男人能像女人一样生育乳养吗？而且，让柔弱的女人承受了工作和家庭的双重重担，这看起来是平等，实则是摧残！女权主义的另一个特点是倡导离婚自由。以为离婚可以保护在婚姻关系中受到虐待的女人，但实际上，真正通过离婚得到保护的女人是很少的，而我们看到更多的情况是，女人被遗弃，从而受到更大的伤害。

上帝在婚姻中为男人
女人所定的次序

一、婚姻中女人应有的次序及态度——处下位，守本位

一讲男女平等，最高兴的就是女人，我们知道下位的就希望平等，但是上帝告诉我们任何事情都是有序的，所以在婚姻里面也是有序的。

1、我们看上帝创造的男女次序

时间先后的次序：先造的是亚当，后造的是夏娃。（参提前2:13）

整体部分的次序：男人是完全的整体，然后取其一部分（肋骨）造女人。（参创2:22）

职分责任的次序：男人不是为女人造的。女人乃是为男人造的。（参林前11:9）

"男人不是为女人造的"是指：上帝创造男人的目的，不是只为了要给女人造一个丈夫。男人不会专职地做女人的丈夫，上帝还要男人修理看守自然界和人类社会。社会普遍认为：作为一个男人都或多或少地要做一些面对自然或社会的工作。过去，凡没有担当这一角色的男人被人们看做是无业游民。而做丈夫只是男人众多责任中最基本最重要的一环。而且，上帝借着观察男人在家中表现的忠心与否，来决定他是否可以被赋予更多更大的责任（当然是指上帝眼中所

看重的责任）。

耶稣论述这一原则时说：

> 谁是忠心有见识的仆人，为主人所派，管理家
> 里的人，按时分粮给他们呢？主人来到，看见他这
> 样行，那仆人就有福了。我实在告诉你们：主人要
> 派他管理一切所有的。（太24:45-47）

保罗也曾表达过同样的意思：

> 人若不知道管理自己的家，焉能照管上帝的教
> 会呢？（提前3:5）

"女人乃是为男人造的"是指：上帝起初创造女人的目的就是专为给男人做妻子的，帮助这个男人，填补他内在的空虚，并为他生儿育女繁衍后代。所以，女人结婚之后专门做男人的妻子，不再担当外面的工作和职分在人们看来是天经地义、理所当然的事情。因为做助手、做妻子、做母亲才是《圣经》中所规范的女人婚后的正业。

2、上帝所造的夫妻关系是一种遮盖与被遮盖的关系而不是平等关系

我请你做个实验：试将两只手放在同一平面做水平运动，你会发现两只手都受到活动范围的限制，否则就会撞到一起。若将一只手错开放在另一只手的下面，无论怎样水平活动都不会互相妨碍。这就是婚姻中的次序（有些类似飞机飞行高度的管制规定）。而且若将上面的手遮盖在下面的手

上，那么下面的手就会得到上面手的保护。所有从上而来的打击都先落在上面的手上，而不会伤到下面的手。但如果下面的手一定要从下面出来和上面的手争平等，那么，不仅双方会常常互相冲撞，而且来了打击，两手要同时承受。婚姻中的夫妻就是像这种遮盖与被遮盖的关系，而不是平等的关系。所以违反这一原则的婚姻一定会充满争斗和矛盾。

路得曾经用求婚的具体行为来表达这种关系：

> 他就说："你是谁？"回答说："我是你的婢女路得。求你用你的衣襟遮盖我，因为你是我一个至近的亲属。"（得3:9）

路得实际是向波阿斯求婚，但她没有说请你娶我，而是说"遮盖我"。这里告诉我们一个很重要的真理：夫妻是遮盖与被遮盖的关系。一个女人请求被一个男人遮盖，就意味着女人愿意顺服上帝所命定的次序，接受男人的权柄、供应和保护。同时，作为男人，既然是女人的保护者，危急时刻应该挡在女人前面，为妻子舍命。

《圣经》中记载了两个在关键时刻丈夫没有遮盖自己妻子的案例，一个是亚伯拉罕，另一个就是亚伯拉罕的儿子以撒（真是有其父必有其子）。他们的软弱、失败很不蒙上帝的喜悦，也为后人所不耻。这也让我们看清一个事实——我们人是多么的有限和软弱，离了上帝只有羞耻和失败，哪怕是被称为"信心之父"的亚伯拉罕也不例外。

> 将近埃及，就对他妻子撒莱说："我知道你是容貌俊美的妇人。埃及人看见你必说：'这是他的妻子'，他们就要杀我，却叫你存活。求你说，

你是我的妹子，使我因你得平安，我的命也因你存活。"（创12:11-13）

当亚伯拉罕认为妻子的美貌可能诱使异族头领产生不良企图时，他首先想到的不是如何遮盖自己的妻子，而是如何"丢卒保车"来保住自己的性命。

俗话说，"有其父必有其子"，他的儿子后来也效仿他：

以撒就住在基拉耳。那地方的人问到他的妻子，他便说："那是我的妹子。"原来他怕说："是我的妻子。"他心里想："恐怕这地方的人为利百加的缘故杀我，因为她容貌俊美"（创26:6-7）

困难来临时，想着逃避责任，而不是遮盖自己的妻子，是当今许多男人对待妻子的态度，是非常不讨上帝喜悦的做法。

3、我们与基督的关系也是一种遮盖与被遮盖的关系

我们接受基督的信仰，就好像求耶稣遮盖（娶）我们。我们嫁给了耶稣，就等于是接受耶稣的权柄、供应和保护。我们不是与基督平等，也不是嫁给基督之后还保持自己的独立自主，为所欲为。作为基督的妻子，我们必须事事寻求丈夫（基督）的心意，并且存心顺服。当我们顺服基督时，就被基督所遮盖！当我们被打击、被管教时就要思想是不是我们跑出来了，没有遵守基督的命令。只有顺服基督、被基督

所遮盖，才能活出正确的、最好的生命状态。不论是一个人、一桩婚姻、一个家庭，还是一个民族、一个国家、一种文化，都是如此。

很多人说我们基督徒被西方文化洗脑了，其实中国某些传统文化的精髓跟基督教信仰是很接近的。比如古代女人被称为"内人"，讲究"三从四德"，男人讲究重信义、守承诺等。这些传统无论是对社会领域还是对婚姻家庭领域，都有很大好处。问题在于，为什么一些好的传统文化被逐渐抛弃了呢？因为它没有与永恒的上帝连结，没有永不摇动的根基，没有属天力量的遮盖。

4、处下位者如何才能受处上位者宠爱

耶稣告诉我们这个秘诀，那就是：顺服。而且你越顺服，就越能得到爱。耶稣说："你们若遵守我的命令，就常在我的爱里；正如我遵守了我父的命令，常在他的爱里。"（约15:10）耶稣顺服天父的旨意，他就常在天父的爱里面。在天父的爱里面，就被天父遮盖和保守。我们顺服耶稣也常在耶稣的爱里面，也就得到耶稣的遮盖和保守。我们若不顺服，就自己从耶稣的遮盖之下冒出头了，所以撒旦就可以伤到我们。我们越顺服基督，祝福就越多，这是很简单的真理。试想，若你有几个孩子你会最喜欢谁？一群学生中老师会最喜欢哪一个？当然都是最听话的那一个。有谁会喜欢调皮捣蛋不肯听话的呢？同理，妻子若顺服丈夫，也必然在丈夫的爱里面，得到丈夫更多的宠爱，丈夫也必遮盖自己的妻子。反之，不顺服就等于选择不受遮盖。不受遮盖的妻子生活会很苦，因为许多攻击会直接落在自己的身上。

1）处下位者如何向处上位者表达爱

耶稣告诉我们这个秘诀：还是通过顺服！"你们若爱我，就必遵守我的命令。"（约14:15）耶稣的意思是说：下位的向上位的表达爱，最佳方式就是顺服上位的权柄。我们即便每周日都参加聚会，传福音也不懒惰，敬拜赞美从来不落后，可就是不听耶稣的话：还是常常论断人、不尊重自己的丈夫、骄傲自义，那么耶稣也不会认为我们爱他。所以一样的道理：妻子即便把自己丈夫的生活伺候得面面俱到、无微不至，但就是不顺服他的权柄，你丈夫也不会认为你真正爱他。

真理是经得起考验的，当我讲到妻子要守自己的本位，顺服丈夫时，一位姊妹对我说：

"袁老师，我很赞同你讲的真理，并且当我照着去行的时候，真的可以看见奇妙的果效。我丈夫的改变就是一个很好的见证。

我丈夫和我信主时间相差不久，我信了之后不到一年他就信了。信主以后的这十年，似乎一直是我热心，他却不冷也不热。我也在想为什么他始终不热心呢？也为此祷告过。我的本意是我能更好地辅助丈夫服侍上帝，而不是自己一头热。直到去年9月我小女儿上幼儿园，我才看见祷告的效果。当时，我们小区有几个同龄孩子的妈妈、奶奶突然信主了（几年来跟她们传过都没信）。于是我们家就开始了家庭小组。

出于惯性，小组一开始还是我带，丈夫跟着参加。但是我想，他也信主多年了，应该来做小组的属灵带领人。跟他商量之后，他半推半就地答应了。为了减轻他的压力（包括依赖感），他开始带的一个月我没有参加，专门带几个小孩玩。几个月过去了，虽然他还是有压力，而且忙起来还是会"请"我都忙带一下，但他已经认为这是他的事、他的责任了。

男人真的不是我们使使劲就能推上去的，一定要上帝亲自动工。但作为妻子，你一定要先给出'让'的姿态，如果老把在'头'的位置上，总认为'反正你也不行也不追求，还是我自己来省心'的话，丈夫就真的什么都不管了。这件事也让我醒悟到，过去丈夫总在后头不愿上来，可能是我自己没守好本位，跑在上帝和丈夫的前头了。"

另一个姊妹也有感而发：

现今的很多女人都比较强势，我的大姐就是这样。她是我们家里的老大，而她的丈夫是家里的老小；我姐姐天生就对家庭负责任，而她的丈夫天生就不愿意负责任（或者说不知道怎样负责任）。我姐骂了他一辈子，他就靠酒来消遣，什么都做不了。但是这种次序颠倒的关系对她女儿有很大影响，她女儿现在找对象的标准很模糊。一方面，她感觉自己一定要找一个要比爸爸强的，另一方面，连她自己也不知道到底要找什么样的。

2）当处下位者能力高于处上位者，如何顺服次序

有个姊妹对我说："袁老师，您当然是这样想这样做的，可我丈夫是麻绳穿豆腐——拎不起来！"

当心！当你认为你要把他"拎"起来的时候，你已经把自己放在了高于自己丈夫的位置上。男人是打心眼里不愿意被女人提拔的。所以，你只要有这样的心态，你和丈夫之间

的冲突肯定少不了。现在中国绝大多数教会都是姊妹多弟兄少，甚至很多姊妹在教会里担任领导，而自己的丈夫却仍然远离教会。在这样的婚姻关系中，很多姊妹理所当然地认为自己比丈夫属灵。其实属灵程度不在于信主时间的先后和长短，也不在于神学知识的多少和深浅，而在于品格是否更有基督的样式。所以，真正属灵的人一定是像基督那样内心谦卑的人，而不是认为自己比别人强的人。保罗告诫我们说："只要存心谦卑，各人看别人比自己强。"（腓2:3下）可见，当你心存骄傲，觉得自己比别人强时，你已经不属灵了。上帝也曾借着先知以赛亚的口告诉我们：那些自以为比别人有义的人，在上帝看来，犹如"鼻中的烟"和"烧着的火"（参赛65:5）。这两样事物都是招人厌烦而要远避的，上帝要远避的人怎么可能属灵呢？

人改变不了人，改变人的乃是上帝。所以，我想劝那些非常能干的已为人妻的姊妹们一句：先把自己的位置摆对了，回归本位，耐心等待上帝动工。我们只要做好自己的职分，其他交托给上帝。丈夫会不会改变、什么时候改变、改变的快慢，完全都是上帝的事情。

有的姊妹说，要顺服一个不信主或不成器的丈夫好难啊！（拙作《携手共渡生命河》里专门有一章讲到顺服所涉及的各种挑战，感兴趣的读者可以去查阅。）我们看看《圣经》中两位能干的妇人的故事，可以得到一些处理次序的启示：

玛挪亚的妻子

那时有一个琐拉人，是属但族的，名叫玛挪亚。他的妻不怀孕，不生育。耶和华的使者向那妇人显现，对她说："向来你不怀孕，不生育，如今你必怀孕生一个儿子。所以你当谨慎，清酒浓酒都不可喝，一切不洁之物也不可吃。你必怀孕生一个儿子，不可用剃头刀剃他的头，因为这孩子一出胎就归上帝作拿细耳人。他必起首拯救以色列人脱离非利士人的手。"（士13:2-5）

玛挪亚的妻子不怀孕，不生育，他们夫妻俩肯定一直一起向上帝祈求能有孩子。可是上帝的使者没有向丈夫玛挪亚显现，而是直接向他妻子显现，告诉她以后要生一个儿子，而且告诉她孩子不可做的一些事情，因为上帝要用这孩子来拯救以色列人，脱离非利士人的手。

你要注意的是：妻子直接得到上帝的启示后，没有因此而骄傲，而是立即把上帝的话一五一十地汇报给自己的丈夫。

玛挪亚就祈求耶和华说："主啊，求你再差遣那神人到我们这里来，好指教我们怎样待这将要生的孩子。"（士13:8）

这时丈夫玛挪亚很可能是对妻子的话将信将疑，所以，他就求上帝再显现一次，而且最好是向他们俩同时显现，告诉"他们"而不仅仅是"她"当如何对待这个将要出生的孩子。

上帝应允玛挪亚的话。妇人正坐在田间的时候，上帝的使者又到她那里，她丈夫玛挪亚却没有同她在一处。（士13:9）

上帝虽然答应了玛挪亚再显现的祈求，可是仍然又只向"她"而不是"他们"显现。这样的事若发生在我们今天的基督徒夫妻之间，那个妻子无论如何也有向自己丈夫夸耀的资本了：

"看来上帝更加爱我。"

"我似乎比你更加属灵！"

"你虽然求上帝向我们俩显现，上帝依然只对我显现，这证明你以后要更听我的话。"

然而我们看到玛挪亚的妻子没有因为上帝的使者只向自己显现，就骄傲起来，对自己的丈夫指手画脚，忽略了次序。她这次都没有等天使说话，就急忙跑去找丈夫，并且还把丈夫带到使者面前。她的意图十分明显：她要上帝的使者亲自告诉自己的丈夫。

玛挪亚问使者，你是对我妻子说话的人吗？使者说，是。这时使者才把告诉他妻子的话，又告诉了他一遍。

> 耶和华的使者对玛挪亚说："我告诉妇人的一切事，她都当谨慎。葡萄树所结的都不可吃，清酒浓酒都不可喝，一切不洁之物也不可吃。凡我所吩咐的，她都当遵守。"（士13:13-14）

玛挪亚向上帝献祭以得到验证，上帝用火焰焚烧祭祀，向玛挪亚证明这是上帝的旨意。

这段故事让我们看到。玛挪亚的妻子不仅两次单独看到上帝的使者显现，而且比她丈夫更有见识、更理性。何以见得呢？因为丈夫看见上帝以后，很害怕，甚至惊慌失措，他对妻子说："我们必要死，因为看见了上帝。"可是妻子却镇定自若，而且反过来劝慰自己的丈夫，说："耶和华若要杀我们，必不从我们手里收纳燔祭和素祭，并不将这一切事指示我们，今日也不将这些话告诉我们。"（士13:23）

让我们感慨的是：这个比丈夫更有见识、更理性的女人，并没有因为这些优势就藐视自己的丈夫，而是依然摆正自己的位置，尊重自己的丈夫，把他当做自己的头对待，事事汇报，并能安慰自己的头。这真的是很值得我们今天教会中的姊妹们效仿。

我们看到很多基督徒夫妇，当妻子比丈夫早一点信主，懂的神学知识多一些，从上帝领受的话语、见证、经历等多一些，就会产生一种藐视丈夫的态度，不再把自己的丈夫当头来对待，因此在家庭里造成了很多混乱。虽然妻子自认为比丈夫属灵，其实这种态度恰恰说明她的属灵程度不够。因为越属灵的人，就会越明白婚姻的次序是上帝所看重的。

我借着这个故事，提醒姊妹们：无论做妻子的比丈夫多么有灵命、有智慧、有见识、有经历，也要始终谦卑守本位，尊自己的丈夫为头，向他汇报。在丈夫胆怯、信心不足的时候，不要藐视丈夫，不笑话他的愚钝，反而要以助手的身份去安慰他。当妻子按照上帝的次序来做的时候。上帝的祝福就会大大地临到你们的婚姻里！

有姊妹常常会问："我们顺服丈夫是不是事事都要向他请示汇报，都要他同意才能做？"我们可以从书念妇人的故事得到一些启发。

书念妇人

一日，以利沙走到书念，在那里有一个大户

的妇人强留他吃饭。此后，以利沙每从那里经过，就进去吃饭。妇人对丈夫说："我看出那常从我们这里经过的是圣洁的神人。我们可以为他在墙上盖一间小楼，在其中安放床榻、桌子、椅子、灯台，他来到我们这里，就可以住在其间。"一日，以利沙来到那里，就进了那楼躺卧。以利沙吩咐仆人基哈西说："你叫这书念妇人来。"他就把妇人叫了来，妇人站在以利沙面前。以利沙吩咐仆人说："你对她说：你既为我们费了许多心思，可以为你作什么呢？你向王或元帅有所求的没有？"她回答说："我在我本乡安居无事。"以利沙对仆人说："究竟当为她作什么呢？"基哈西说："她没有儿子，她丈夫也老了。"以利沙说："再叫她来。"于是叫了她来，她就站在门口。以利沙说："明年到这时候，你必抱一个儿子。"她说："神人，我主啊，不要那样欺哄婢女。"妇人果然怀孕，到了那时候，生了一个儿子，正如以利沙所说的。（王下4:8-17）

作为一个大户人家的主母，书念妇人知道自己的权力范围。当她看到上帝的先知以利沙，就强留他吃饭。这件事，她没有事先请示自己的丈夫，也无须请示。因为留客人吃饭这样的小事，是在一个家庭主妇应有的权力范围之内的事情。而她想到善待上帝的仆人必会讨上帝的喜悦，于是她劝说自己的丈夫，收留先知住在自己的家里。她清楚地知道，为一个外来的人盖一座房子，并留他住在自己的家里，这可不是一个主妇能够决定的事情，一定要征得丈夫的同意。所以书念妇人向丈夫提出盖房子以善待上帝先知的建议，没有像请以利沙吃饭那样依己意而独自行事。因她深思熟虑并且方式得体，所以给丈夫建议时丈夫也欣然同意。果然，上帝因着这妇人的信心而给予她和丈夫特别的祝福，使其怀孕生子。

从书念妇人认为以利沙应许她必有儿子的话是在和她开玩笑（欺哄她），我们得知：她之前所给以利沙的供应，不是现代某些婚姻专家所推崇的先向"情感账户"存储，而后必得的回报，而完全是因为喜出望外。

> 孩子渐渐长大，一日到他父亲和收割的人那里。他对父亲说："我的头啊，我的头啊！"他父亲对仆人说："把他抱到他母亲那里。"仆人抱去，交给他母亲，孩子坐在母亲的膝上，到晌午就死了。他母亲抱他上了楼，将他放在神人的床上，关上门出来，呼叫她丈夫说："你叫一个仆人给我牵一匹驴来，我要快快地去见神人，就回来。"丈夫说："今日不是月朔，也不是安息日，你为何要去见他呢？"妇人说："平安无事。"于是备上驴，对仆人说："你快快赶着走，我若不吩咐你，就不要迟慢。"（王下4:18–24）

晚年得子的丈夫已经老迈；而丈夫若死去，儿子将是惟一的依靠，这孩子对于书念妇人的重要性，我们可想而知。但是孩子到田地里去找父亲玩，感染风寒而病倒，如果是今天的母亲，定会对自己丈夫的失职不依不饶。但是书念妇人却没有埋怨自己的丈夫半句，以至于自己的宝贝儿子（她日后惟一的依靠）死在自己的怀中，都没有慌乱或怨天尤人。此时她表现出一个贤德妇人的智慧：

一方面，她冷静地让丈夫来吩咐仆人备驴，因为她知道一个女人不通过丈夫就独自骑驴出去，一定会造成丈夫的怀疑，到处寻找她的时候，也会发现死去的儿子。但她要亲自去请以利沙，因为她知道只有自己亲自前往，才能确保将以利沙请来。

另一方面，她将死去的儿子锁在楼上，向丈夫封锁消息。并以"平安无事"来打消丈夫的疑虑。因她十分清楚，在神人到来救孩子之前，绝不能让身体与灵性都比自己软弱的丈夫知道孩子已死，因为他年纪已老迈承受不起。若自己还没有出门，丈夫就倒下，势必雪上加霜，最后很可能是"赔了丈夫又折子"。

所以我们可以看到妻子什么事当汇报，什么事可以自作主张。书念妇人所有的反应都是基于她对于丈夫的爱心。她并没有按照规条去照章执行，而是凭"爱心"来定夺。

另外，书念妇人在请以利沙的过程中也充分展示出她过人的胆识和智慧：

> 妇人就往迦密山去见神人。神人远远地看见她，对仆人基哈西说："看哪，书念的妇人来了。你跑去迎接她，问她说：你平安吗？你丈夫平安吗？孩子平安吗？"她说："平安。"妇人上了山，到神人那里，就抱住神人的脚。基哈西前来要推开她，神人说："由她吧！因为她心里愁苦，耶和华向我隐瞒，没有指示我。"妇人说："我何尝向我主求过儿子呢？我岂没有说过，不要欺哄我吗？"以利沙吩咐基哈西说："你来束腰，手拿我的杖前去。若遇见人，不要向他问安；人若向你问

安，也不要回答。要把我的杖放在孩子脸上。"孩子的母亲说："我指着永生的耶和华，又敢在你面前起誓，我必不离开你。"于是以利沙起身，随着她去了。（王下4:25-30）

当以利沙差派的仆人基哈西询问她发生了什么事时，她不多费口舌，只答："平安"。因为她知道这是自己能尽早来到以利沙面前的最佳选择。一切的具体细节都只有向以利沙本人提说才有意义。而且我认为她在以往与仆人基哈西的接触中，对他的为人多少有些认识，知道过多地与他纠缠纯属浪费时间。而且事实证明，基哈西也确实在她向以利沙哭诉时企图阻止她。（后来，《列王记下》第5章也记述了基哈西如何利用自己身份的便利，向元帅乃缦索要财物的卑劣行径。）

书念妇人在向以利沙述说时，也晓之以理、动之以情，让以利沙感到对救活孩子负有不可推卸的责任。而且她也考虑到万一基哈西能力有限，会贻误救孩子的时机。所以，她死磨硬泡，坚决要求神人必须亲自前往解救。事情的发展也果然如书念妇人所料想的那样：

基哈西先去，把杖放在孩子脸上，却没有声音，也没有动静。基哈西就迎着以利沙回来，告诉他说："孩子还没有醒过来。"以利沙来到，进了屋子，看见孩子死了，放在自己的床上。他就关上门，只有自己和孩子在里面，他便祈祷耶和华，上床伏在孩子身上，口对口、眼对眼、手对手，既伏在孩子身上，孩子的身体就渐渐温和了。然后他下来，在屋里来往走了一趟，又上去伏在孩子身上，孩子打了七个喷嚏，就睁开眼睛了。以利沙叫基哈西说："你叫这书念妇人来。"于是叫了她来。以利沙说："将你儿子抱起来。"妇人就进来，在以利沙脚前俯伏于地，抱起她儿子出去了。（王下4:31-37）

基哈西果然没有能救活孩子，但幸好以利沙已经到了。原来，这件事对以利沙本人都是一个极大的挑战，这绝不是他的杖和他的仆人能够解决的问题。他需要亲自伏在孩子的身上才能救他。而且单单令孩子身体回暖，就几乎耗尽以利沙全部的能量，以至于他不得不站起来休息一下，在屋子里走一走来恢复体能，然后二次伏在孩子身上才得以成功。然而，这不得不归功于书念妇人一开始的深谋远虑。

当以利沙叫来书念妇人，这妇人的反应也令人十分佩服：她不是先看自己失而复得的宝贝儿子，而是先俯伏于地拜谢自己的恩人，然后才抱起自己的儿子出去。你知道她要出去做什么？她是去向自己的丈夫讲述儿子死而复活惊心动魄的全过程。

我们可以看到书念妇人作为一个老年富人的妻子，她比自己的丈夫更加聪明有见识，而且有很好的灵命，但是在与丈夫的互动中既不墨守成规，又能够收放自如、张弛有度。我觉得对于今天许多比丈夫更加有能力的妻子来说，是非常有借鉴意义的。

总之，我们应该明白，妻子在家中应有的次序是：

守本位，常顺服——被遮盖，得祝福。

二、婚姻中男人应有的次序及态度——处上位，给恩典

前面讲了，世界上所谓的"平等"，是下位极力想要而上位不愿给予的平等。所以上位不给，下位的人就必然采用对抗的方法去强势争取。这一状况就注定了这种争来的平等不可能是真正的平等，而只能是暂时的"平衡"。这就是为什么人类的历史是一部斗争史：战争、和平，再战争、再和平，永远没有止境。婚姻中也是如此：如果按照世界的平等观念，家里就必永无宁日。

《圣经》原则与之正好相反：上帝告诫处于下位的不要心怀不平，而是要守本位；而处上位的应该降尊为卑，自愿放是自己的权利、荣誉和利益，来给予下位平等，但不能放弃的是自己的责任。当上位降下来跟下位平等，甚至比下位还要低时，那待遇是下位应该享有的吗？不是！下位得到了自己不该享有的，就体会到那是恩典。

1、处上位者舍己给处下位者恩典的典范：

主耶稣

你们当以基督耶稣的心为心。他本有上帝的形像，不以自己与上帝同等为强夺的，反倒虚己，取了奴仆的形像，成为人的样式。既有人的样子，就自己卑微，存心顺服，以至于死，且死在十字架上。（腓2:5-8）

主耶稣就是上帝，他却不以自己与上帝同等而为强夺的，反倒虚己，为我们罪人死在十字架上。他给我们的是我们完全不配得的，是人类最大、最无价的恩典。

尼希米

自从我奉派作犹大地的省长，就是从亚达薛西王二十年直到三十二年，共十二年之久，我与我弟兄都没有吃省长的俸禄。在我以前的省长，加重百姓的担子，每日索要粮食和酒，并银子四十舍客勒，就是他们的仆人也辖制百姓；但我因敬畏上帝不这样行。并且我恒心修造城墙，并没有置买田地，我的仆人也都聚集在那里做工。除了从四围外邦中来的犹大人以外，有犹大平民和官长一百五十人在我席上吃饭。每日预备一只公牛、六只肥羊，又预备些飞禽。每十日一次，多预备各样的酒。虽然如此，我并不要省长的俸禄，因为百姓服役甚重。（尼5:14-18）

尼希米应该得省长的俸禄和荣耀，他全部放弃了，身先士卒地去做工。这就是处上位者舍己给处下位者恩典的又一典范，也是好公仆应有的形象。

关于"给恩典"这一原则的应用，再讲一个我小时候父亲分享黄油的故事吧。我爸爸是一个很有责任心的男人。我小时候遭遇三年大饥荒，每家都吃不饱。但当时的高级知识分子是有"特供"的，就是允许用高价买一些营养品。我爸爸是外科大夫，必须要吃饱，吃不饱的话，无力做手术，病人就可能会死在手术台上。所以我爸爸每个月都会有一块用高价买来的特供的黄油。

一开始我们因为吃不饱，就会忍不住偷吃爸爸的黄油，但是妈妈严厉地制止并批评了我们，告诉我们应该守规矩，因为那是专门给爸爸补充体力的食物，没有那黄油，爸爸就不能做手术；不做手术就不能挣钱；没有钱我们就会全家饿肚子。从此我们就再没人敢动那块香得不行的黄油，因为我们明白了那块黄油的"重大"意义。哪天当我们吃早饭的时候，如果看见桌子上一个小圆盘里放着一小块黄油，我们就知道今天爸爸有手术了，没有手术我爸爸是不会吃黄油的。我们家一共有5个孩子，都早早的围在桌子边上，用眼睛的余光看着那一小块黄油，却没人敢动筷子。但是我爸一坐下，什么话都不说，轮流把我们5个孩子每人手里的馒头片拿过来，抹上一小点黄油再递还我们。当我们拿着父亲给的馒头片时，你知道我们当时是怎么想的吗？恩典！为什么？这本是我们不该得的，是父亲舍弃自己的利益给予了我们，然而他并不舍弃他的责任（做手术）！当我们知道了次序以后，尽管我们得到的很少，但也知道那完全是不配得到的恩典。一直到我们长大了以后，生活好转了，我们都还特别感激爸爸当年和我们分享黄油。

先明白上帝的次序才明白什么是恩典

记得十多年前《北京晚报》曾刊登过一则消息：一对夫妻抚养一个儿子，这个儿子就爱吃红烧对虾。儿子过生日那天，妈妈请了假，买了对虾红烧好以后，说："儿子，妈妈给你做了你最爱吃的红烧对虾。爸爸下班以后给你带蛋糕回来。妈妈再做几个菜，等爸爸回来咱们全家给你庆祝生日，好吗？"儿子说："好吧。"妈妈就把做好的对虾放在桌子上，进厨房接着做饭去了。妈妈一进厨房，儿子就坐在对虾前面一个接一个地吃起来。等妈妈做完菜出来一看，一盘对虾只剩下一个了。妈妈一点没有生气："哎哟，宝贝这么爱吃啊，妈妈做的一定很好吃，妈妈尝一个。"妈妈刚拿筷子夹起这只对虾，儿子就"啪"一巴掌把这个对虾打到地上，说："你明知道我爱吃，还跟我抢？"

我讲这个故事什么意思？如果你在家里没给孩子次序这个概念，你所有的恩典全是徒然，孩子不会珍惜。现在很多家庭次序颠倒：家里坐正中间坐上座的是孙子，什么好东西也都先让他吃。这样的环境一直给他输入"我是中心"、"这是我该得的"等观念，所以孩子得到了以后也不会认为这是恩典。

我们必须知道我们都是罪人，有着我们自己无法除去的罪的本性，只有当你认识到你是罪人，完全不配得上帝的恩典时，你才懂得上帝给你的是恩典，领受恩典时也才会有感恩的心。

因此，要想"培养敬虔的后裔"，就必须回到上帝的原则当中，让孩子先懂得次序，再给他恩典，培养孩子感恩的心。否则父母（长辈）不讲次序的溺爱就是在打造以自我为中心的一代，自己也等于养了个白眼狼。

2、婚姻中丈夫的权柄

什么是权柄？权柄就是告诉你自由的界限在哪里，在这个区域内你有充分的自由，但是你不能超出这个界限。就如父母告诉孩子在院子里怎么玩都行，但是不能出院子。权柄的原则是从哪来的？是从上帝来的。

《创世记》第2章上帝对亚当说：

> 耶和华神吩咐他说："园中各样树上的果子，你可以随意吃，只是分别善恶树上的果子，你不可吃，因为你吃的日子必定死。"（创2:16-17）

当时上帝给亚当的自由范围很大，就一个界限，人都不满足，还违背上帝，导致人类陷入罪中。人什么时候都不满足，总想要更多的自由，不想要界限，而权柄就是告诉你界限在哪里。

家里需不需要权柄呢？需要。在家里丈夫对妻子和孩子都有权柄。所以妻子们要顺服丈夫，这是上帝所命定的。儿女要听从父母的，这也是上帝命定的。你不听就有问题。"女儿啊，你去哪玩都可以，但9点以前必须回家"，这是父母的权柄。总之处下位者守本位，处上位者给恩典，就能活出上帝为婚姻中男女所定的美好次序。如果只是处上位者一味给恩典，而处下位者不守本位，恩典就容易成为喂养罪性的"理所应当"，给了也白给，不是祝福，反成了咒诅。如果只有处下位者守本位，而处上位者不给恩典，处下位者就会"造次"，从而形成我们前面论及的破坏性的、颠覆次序的乱象。

所以，男人应有的次序是：

担责任，给恩典——蒙上帝喜悦，得荣耀。

三、不守次序、片面追求男女平等的结果

当前社会剩男剩女现象日趋严重，出现很多"男不能娶

女不能嫁"的情况。严格来说这只是个伪问题，真问题是女性对男女平等肤浅的认识，导致了一些错误的做法。因为人们要平等，就开始采取一些人为的做法来提高妇女地位。我不是说提高妇女地位不对，但如果它不是按照上帝的指引，而是人为加强女人的力量来给女人提气、做靠山的话，这种外在力量一旦进入婚姻，带来的不是婚姻的和谐而是使一些问题更加严重。外在力量的干涉只有在婚姻到了不能自行解决的严重程度时，才适合使用。

比如说，上帝赋予女人特殊的生理因素，使她们在学习技能的初级阶段，比男人更加专注认真。所以在早期，一般都是女人走在男人前面。上小学的时候优秀生、班长大多是女的。甚至上了高中，优秀生中女生的比例还是大于男生。许多大学里面普遍女多男少，我儿子上大学时，全班30个学生，就4个男生，其余全是女的。

但是之后你会发现，男人的后劲普遍比女人足，他们后期的发展往往超越女人。一般缝补浆洗是女人的特长，但一旦成为社会职业，你会发现最顶尖的裁缝大多是男人；厨艺一般也是女人擅长，但最高超的厨师往往还是男人；妇产科医护人员女性居多，然而最权威的妇科专家依然是以男性为主。究其原因就要提升到上帝所赋予男人的使命——修理看守上来了，社会的栋梁还是要男人来做的。

男人后来者居上，婚姻是以男人为主体的。所以我们一定要给男人更多提拔、进取的机会和发展空间，以利于他们日后建立家庭，作家庭的顶梁柱。对女人来讲，就是没受什么教育也照样出嫁，她一生最重要的事只有一件——找一个好老公。俗话说得好：男怕干错行，女怕嫁错郎。

我认为，对女人来说，从小培养她安分守己、温柔的心尤为重要。这个温柔和谦卑是直接挂钩的，越谦卑的人越能够温柔；而越盲目使她获得过多知识及提高她的能力，就越使女人骄傲；越骄傲，眼界越高，她就越不顺服。这时女人心里想的是：我比你强，凭什么顺服你。大家看到没有，盲目高抬女人、打造优秀女人，表现看起来似乎对女人公平了，但却是以降低成婚率、破坏家庭的和谐为巨大代价的。美国每年都有关于婚姻的大型会议，我也参加过。有很多非基督教背景的讲员往往会说：你们女人首先要自己站得稳，才能有好的婚姻。不是这样的，上帝让女人依靠男人而不是靠自己站得稳。那有人会问：我靠他要是靠不住怎么办？请记住，靠不靠是你的选择，靠不靠得住不是你的事，是上帝的事情，你需要做的就是相信并顺服上帝所定的次序，完全依靠他。

过去，我妻子讲的话里有一句是我最不喜欢听的，我们有争吵时她就会说："你走吧！我告诉你，没有你，我活的更好！"这话我听了特别伤心、沮丧，接下来干什么都不带劲。相反，她重病在身时，她有一句话我最喜欢听，就是："老公，我这辈子可就靠你了！"这话我听着特别爽，觉得自己很男人，接下来干什么都劲头十足。

多年以前的一次婚姻培训，有一个妻子给我讲她的经历。她是中国名牌大学的硕士生，和丈夫是同班同学。恋爱结婚后，她比丈夫更能干，建立了一个企业，很多的事都靠自己作主、自己来做，随着自己企业发展壮大，她的丈夫从"跟班的"逐渐成了甩手掌柜。

这样过了很多年，他们的生意越做越大，两人住着很大的房，开着很好的车。正在妻子自鸣得意的时候，丈夫有了外遇。

这位妻子说："袁老师，当我听说丈夫有外遇的时候，我怒不可遏。我想不通的是，我这辈子对他这么好，让他什么都不操心白白享受，他竟然还背叛我。袁老师，你不知道，我不见那个女人还好，一见更受不了了。为什么呢？因为那女人无论身高、体型、长相、学历、能力全不如我，你说我丈夫到底图她什么？"

我说："她一定是比你温柔，你老公图的可能就是这个。"

这位妻子说："她什么都不行，当然就温柔了。"

我说："你一语道破天机了，正因为你认为你什么都行，什么都有，所以你就骄傲。正是你的骄傲，你无法谦卑，也就温柔不下来了，而你的丈夫需要的是女人的温柔，并不是你的那种老板的威严啊。"

我给她做了很多次辅导。到后来，她因为这件事信主了。我对她说：你不能这样生活，你必须要让丈夫做一个决断。你们猜猜那个丈夫做了什么决断呢？丈夫选择了那个第三者。她丈夫和她分手的时候是这么说的：

"老婆，我错了，但事已至此也必须有个决断了，从各方面来说，其实我真的更爱你，但是我和你在一起时找不到一点做男人的感觉。而且我觉得你离了我也会活的不错，因你很能干，但是那个女人说她离了我不能活，我看我还是跟一个离了我没法活的女人过更踏实一点。"

我讲这个故事不是为男人的出轨辩护，而是提醒妻子们你们所面对的挑战。

四、婚姻次序在生活中的应用

我们可以看一下《圣经》中的婚姻次序在现实生活中的应用。

1、按照圣经原则，女人出嫁后就是夫家的人

春节究竟该去谁家过年？

我为什么谈这个问题呢？这几年每当快到春节，我去各地教会讲课的时候，牧者往往都会提出来让我讲讲夫妻该去谁家过年的问题，因为常有新婚夫妇为了"春节该到谁家过年"而争吵不休。牧师从中安慰劝说也很难解决，结果往往是夫妻各归自己的父母家，或者就是心怀怒气，勉为其难地一起去了一方的父母家。所以他们要求我谈谈这个问题。我说，这个问题主要是由于夫妇不懂得《圣经》关于婚姻的原则而造成的，次要原因在于现在都是独生子女，父母将女儿看成了惟一的依靠和精神支柱。

过去我们都知道，女儿一旦嫁出去就是夫家的人了，父母对女儿没有多少期盼。但是现在不一样了，一辈子就这一个女儿，一下子变成别人家的人了，春节还不能回家过个年？所以双方打得很厉害，最后往往是互不妥协，夫妻俩你回你的家，我回我的家。过去社会从来没有这个问题，因为儿女多，女儿嫁出去就成了人家的人，而儿子娶过来的女子就成了自己的媳妇，理所当然，人们就没有纷争。

我认识一对夫妇，一个是南方人，一个是北方人，前年夏天举办的婚礼。到了去年冬天两人打得不可开交，都要回自己家过年。后来他们听到我讲婚姻的次序，即妻子守本

位、丈夫给恩典的真理。那丈夫跟我说：

"袁老师，我当初不是不能到她家过年，就是想不通为什么嫁到我家的媳妇还要我事事依从，让我在我的家人面前脸面全无。今天我明白了，今年我就决定给妻子恩典，妻子本应该去我家过年，但是我愿意给恩典，到媳妇家过年去。至于我爸妈的工作我来做，我来跟我父母说：'人家就一女儿，今年给她恩典，去她家过年吧！'"

而那位明白了婚姻次序的妻子也因此特别感恩。

女人的身份是随着男人的变化而变化的，除了寡妇以外，女人没有独立的身份。小的时候她的身份是某某人的女儿，结婚后她的身份是某某人的妻子，女人一定要男人来遮盖她。婚礼上，爸爸挽着自己女儿的胳膊，踏着红地毯把女儿交给丈夫，这是什么意思呢？就是表示"过去是我遮盖她，从这一刻起就交给你了，以后就由你来遮盖她了"。从此，她的第一身份就不是女儿了，而是某某人的妻子。

中国人过去一结婚就会把姓氏改了，叫某某太太，或把丈夫的姓加在原来的名字之前。许多国家和地区现在也还有这样的习惯，这实际上是用以表示对丈夫的敬重和爱戴。这在《圣经》中也被称为"蒙头"的一种，我之前在讲课中多次提到这一原则在社会生活中的现实意义。但我的妻子却从未对此有过什么回应，然而当她生病后，我们一起搀扶着经过艰难之路，情况就不一样了。拙作《携手共度生命河》出版时，出版社请我妻子写序，有一天她主动对我说："签名的时候，别忘了把你的姓加在我的名字前面！"从此她使用的名字都叫袁李尔玲。我认为这是我有生以来得到的最高荣誉。在这个世界上，妻子的称赞是丈夫的荣耀。做丈夫的要让妻子心服口服的把你的姓放在前面，那才是你的成功。这里面有属灵的含义：我们嫁给了基督，我们就是基督的人了。我们姓"基督"，是他的人，从属于、顺服于他，不再是一个独行侠。

2、《圣经》中女儿与儿媳的区别也印证了这一原则：

祭司的女儿若嫁外人，就不可吃举祭的圣物。但祭司的女儿若是寡妇，或是被休的，没有孩子，又归回父家，与她青年一样，就可以吃她父亲的食物；只是外人不可吃。（利22:12-13）

《圣经》每一句话都有深刻的含义，祭祀全家人都是有资格吃祭物的。但是女儿是不是自己家人呢？不一定的，没结婚以前你是，一旦你许配给外人了，即使没过门，你的第一身份就不是我女儿了，而是那个男人的妻子。如果你丈夫死了或者你被休了的话，你的第一身份又变了，你不再是妻子了。那她能不能吃父亲家里的祭物呢？要看情况，看她有没有孩子。没有孩子你可以吃父亲的食物，因为你的第一身份是我女儿；但一旦你有了孩子，你的第一身份就是孩子他妈，你还是不能吃。大家注意这里面的真理：女儿一旦嫁人，就成了外人了。

按照《圣经》原则，女儿和儿媳到底谁是外人谁是家人呢？女儿是外人，儿媳是家里人。中国过去也是这样的，妻子这边亲戚的都叫外公、外婆、外甥、外舅，全是"外"。中国有一句话叫做"给儿媳妇不给闺女"，指的就是妈妈无论多爱女儿，但是一旦留遗产的时候，财产也是要给儿媳妇的，因为她才是这家里的人。如果给了女儿，女儿嫁到谁家，财产就归谁家了。

女人一旦嫁给男人，生死都是男人家里的人，而且夫妻关系上升为比父母以及兄弟姐妹更亲近的关系，所以上帝让我们男人遮盖女人、永不放弃做头的责任。

3、人类历史上两个典型案例：男人放弃做头的责任

作为男人，什么都可以放弃，但决不能放弃自己的责任，否则上帝必追究男人的责任。《圣经》记载的历史中，有两次男人放弃了做头的责任，给人类造成无可挽回的严重后果，以此作为男人的警戒。

1）亚当放弃做头的责任

又对亚当说："你既听从妻子的话，吃了我所吩咐你不可吃的那树上的果子，地必为你的缘故受咒诅。"（创3:17）

亚当的责任在于他听从了妻子而不是上帝，造成的恶果就是从此人与上帝分离、人类的原罪代代遗传、人人都有一死等。我们丈夫要对自己以及妻子的行为负责任，并不是说你爱妻子，就要事事顺着妻子的意思做，这不是真爱。你要坚持上帝的原则，在真理中去爱。

2）亚伯兰（亚伯拉罕）放弃做头的责任

撒莱对亚伯兰说："耶和华使我不能生育，

求你和我的使女同房，或者我可以因她得孩子。"亚伯兰听从了撒莱的话。于是亚伯兰的妻子撒莱将使女埃及人夏甲给了丈夫为妾。那时亚伯兰在迦南已经住了十年。亚伯兰与夏甲同房，夏甲就怀了孕。她见自己有孕，就小看她的主母。撒莱对亚伯兰说："我因你受屈，我将我的使女放在你怀中，她见自己有了孕就小看我，愿耶和华在你我中间判断。"亚伯兰对撒莱说："使女在你手下，你可以随意待她。"撒莱苦待她，她就从撒莱面前逃走了。耶和华的使者在旷野书珥路上的水泉旁遇见她，对她说："撒莱的使女夏甲，你从哪里来？要往哪里去？"夏甲说："我从我的主母撒莱面前逃出来。"耶和华的使者对她说："你回到你主母那里，服在她手下。"又说："我必使你的后裔极其繁多，甚至不可胜数。"并说："你如今怀孕要生一个儿子，可以给他起名叫以实玛利（注：就是"上帝听见"的意思），因为耶和华听见了你的苦情。他为人必像野驴。他的手要攻打人，人的手也要攻打他。他必住在众弟兄的东边。"夏甲就称那对她说话的耶和华为"看顾人的上帝"。因而说："在这里我也看见那看顾我的吗？"所以这井名叫庇耳拉海莱。这井正在加低斯和巴列中间。后来夏甲给亚伯兰生了一个儿子，亚伯兰给他起名叫以实玛利。（创16:2—15）

撒莱因信心的软弱，产生了错误的结论——"耶和华使我不能生育"，继而采用了错误的方法——"求你和我的使女同房"，来达到自私的目的——"或者我可以因她得孩子"。而亚伯兰也犯了一个错误，就是在没有求问上帝的情况下盲目听从了妻子的话，以致造成严重后果，生下了按着血气生而不是凭着应许生的以实玛利。如《圣经》所预言，"他为人必像野驴。他的手要攻打人，人的手也要攻打他"，以实玛利及其后裔不停地"攻打人"。

4、按照圣经原则，男人和女人的自主权力不一样

1）男人若许愿或起誓，就要自己承担责任不可悔改

中国有句话叫"男子汉大丈夫，一言既出，驷马难追"，意思是男人说话算话，若许愿或起誓是不可悔改的。现在有些男人在婚礼上信誓旦旦，过起日子却说跑就跑，这就不是男人，你说话不算数。

> 摩西晓谕以色列各支派的首领说："耶和华所吩咐的乃是这样：人若向耶和华许愿或起誓，要约束自己，就不可食言，必要按口中所出的一切话行。"（民30:1-2）

2）女人的许愿或起誓则需权柄的遮盖

未出嫁的女人由父亲遮盖。
女人不一样，女人若发了誓、许了愿，要看情况。因为女人是比较感性的，容易用感情代替理智。看什么情况呢？她没出嫁的时候要由父亲遮盖，因父亲是比较理性的，她可

能会一时冲动随口许愿。但只要她父亲说不行，这话就不当真，责任由父亲来负。

> 女子年幼还在父家的时候，若向耶和华许愿要约束自己，她父亲也听见她所许的愿，并约束自己的话，却向她默默不言，她所许的愿并约束自己的话，就都要为定；但她父亲听见的日子，若不应承，她所许的愿和约束自己的话，就都不得为定。耶和华也必赦免她，因为她父亲不应承。（民30:3-5）

结婚之后的女人由丈夫遮盖。

结婚以后由谁来遮盖呢？由丈夫。你所发的誓，丈夫可以默认也可以否定，责任由丈夫来承担。

> 她若出了嫁，有愿在身，或是口中出了约束自己的冒失话，她丈夫听见的日子，却向她默默不言，她所许的愿并约束自己的话，就都要为定；但她丈夫听见的日子，若不应承，就算废了她所许的愿和她出口约束自己的冒失话，耶和华也必赦免她。（民30:6-8）

丈夫若死去或离婚，则由自己负责。

> 寡妇或是被休的妇人所许的愿，就是她约束自己的话，都要为定。（民30:9）

年老的妇女，丈夫若死去，有儿子的，则由儿子遮盖。

讲到这一点，我想分享一下我们家的故事。

我奶奶是辽宁的贫苦农民寡妇，一生最大的梦想就是买一头骡子和一挂大车。作为独生子的父亲年少时即外出闯荡，在哈尔滨服侍一个企业家时，因为为人诚实聪明，被那个企业家相中并送去上学，后来命运改变而成为一名大夫。父亲省吃俭用给寡居的奶奶寄去一些钱，这笔钱让奶奶的美梦成了真。但是奶奶刚买下骡子和大车就赶上农村土改，划分阶级成分。当了一辈子贫农的奶奶还没有高兴几天就被定成了富农。而最坚决地给奶奶戴富农帽子的贫农协会主席就是奶奶的小叔，因为他曾向奶奶借父亲寄来的钱，奶奶没有借给他。

后来在"文革"中，父亲被定为"反动学术权威"。造反派对父亲的"反动本质"追根寻源，就挖到了他的"富农"母亲那里。于是我奶奶——一个六十多岁的小脚孤寡女人开始被迫每天早晨扫马路，然后要站在毛主席像面前低头请罪一小时。文革后期，一天深夜，我从睡梦中醒来听到父亲在和奶奶说话，大概的意思就是：明天平反大会宣读的名单里，估计可能会有一直"认真改造"的奶奶。那时平反大会时兴念到谁的名字，谁就要站起来喊一句革命的口号表示感恩，而且不能和前面的人一样。父亲反复叮嘱奶奶："即便念您的名字，您也千万不要喊口号。因为您年纪大了，不喊不会有问题。但万一喊错了，后果可就严重了！"第二天，我从外面回家，看到院子里站满了人，不知发生了什么事情。我钻进去后看见父亲站在愤怒的人群前面，奶奶在屋子里瑟瑟发抖地哭，一个劲地念叨："这下活不了了！"我问奶奶出了什么事情？原来平反大会念平反名单，一开始没有奶奶的名字，奶奶以为这次又无望了，极度沮丧。可是忽然听宣布名单的人加了一句："哦，还有某某某（我奶奶）。"奶奶突然又听到自己的名字，喜出望外，一激动就忘记了父亲的叮嘱，兴奋地站起来喊了一句口号，结果喊错了——把"万岁"和"打倒"喊颠倒了。那在当时可是要命的大罪。我一听当时就出了一身冷汗。可是，我却看到父亲在这样的危机中表现出异乎寻常的冷静，他用自己的身躯挡在母亲与众人之间，谦卑而诚恳地向人们陈述着："我母亲年纪大了，脑子糊涂，我昨天夜里一再叮嘱她别喊口号。可是今天她太激动了！你们想，就是给她一千个胆子，她敢当众喊这样的口号吗？那不是找死吗？所以，她真是喊错了。无论要打、要罚、写检查还是批斗，让我当儿子的来代替她。她一个老太太，你们就放过她吧。"后来，父亲在完成繁重的体力劳动之后，几次熬夜写认罪书，并到街道委员会的群众大会上去当众宣读，此事才算平息。

我当时亲眼目睹自身还在监管之下的父亲奋不顾身保护自己的母亲，深受感动。直到今天，这件事还在向我诠释什么叫做儿子对母亲的遮盖。

耶和华亲自保守看顾寡妇孤儿。

上帝让父亲看顾女儿，让丈夫看顾妻子，那么没有成年儿子的寡妇怎么办呢？不论是否有孩子，寡妇都是上帝亲自来看顾的。上帝通过什么来看顾呢？上帝要所有的男人来看顾。他给了男人一些规定，要让他们善待孤儿寡妇。

上帝在他的圣所作孤儿的父，作寡妇的申冤者。（诗68:5）

耶和华保护寄居的，扶持孤儿和寡妇，却使恶人的道路弯曲。（诗146:9）

你不可向寄居的和孤儿屈枉正直，也不可拿寡妇的衣裳作当头。（申24:17）

你打橄榄树，枝上剩下的不可再打，要留给寄居的与孤儿寡妇。你摘葡萄园的葡萄，所剩下的不可再摘，要留给寄居的与孤儿寡妇。（申24:20-21）

每逢三年，就是十分取一之年，你取完了一切土产的十分之一，要分给利未人和寄居的，与孤儿寡妇，使他们在你城中可以吃得饱足。（申26:12）

而如今的男人，更多的是欺负无人遮盖的寡妇。常言说："寡妇门前是非多"就是对这一丑陋现象的真实描述。要知道：这在上帝面前是罪加一等的大恶。

5、如何看待女人"出头"

《圣经》清楚地告诉我们，要慎重地对待女人的"出头"问题。"出头"是指女人执掌权柄。我在《携手共度生命河》一书中已经详细地阐述过女人还要"蒙头"的问题。"蒙头"是指女人伏在权柄之下。很多不愿意在家庭尽责的女人会用底波拉或以斯帖的例子来证明：女人可以像男人一样行修理看守之职。其实这是对上帝心意的误解。实际上恰恰相反，《圣经》是用底波拉等女人的故事来告诉我们，上帝对女人的使用大大有别于对男人的使用。当男人都不尽自己的职责时，或者暂时没有男人可以使用，或者非女人不可的情况下，上帝也会使用女人来做一些修理看守的工作。但这不是常态下的选择。

《士师记》第4章记述了两个在危难之时用不同的方式挽救自己民族和家族的女人，她们都做了本应该是男人们做的事情。我们来看看：

底波拉和雅亿的对比：

·底波拉是以色列人，雅亿是外邦人；

·底波拉是领袖，雅亿是一个普通女人；

·底波拉是回应上帝的呼召主动带领，雅亿是形势所迫，情急之下不得已而为之；

·底波拉是在没有男人可用的情况下才"出头"，雅亿则是非她不能解决问题才"出头"。

底波拉

以色列中的官长停职，直到我底波拉兴起，等我兴起作以色列的母。（士5:7）

这里的"停职"不是别人停他们的职，而是官长——男人领袖们自己"停"自己的职，这句经文告诉我们：当时以色列的男人领袖们都不呼求上帝，不干事、不起作用、不出头带领，只有一个女人底波拉还在呼求上帝。我们都知道：上帝只对呼求自己的人讲话。那么上帝就将他的旨意告诉了仅有的这个呼求他的女人。英文《圣经》说的更直白：There were no warriors in Israel until I, Deborah, arose, until I arose to be a mother to Israel.（New Century Bible）这段英文直译就是"以色列中没有战士，直到我底波拉兴起，等我兴起作以色列的母"。在上帝的眼中，以色列所有的20岁以上的男人都必须是能够"拿刀"的战士。这句经文的意思是说：虽然以色列还有很多男人，但是他们表现得都很不"男人"，不是"战士"。上帝因为以色列中没有"战士"，所以才不得不使用女人。

上帝虽然使用底波拉，将他的旨意告诉她，但是底波拉并不像其他男士师那样带领以色列人征战，更没有像穆桂英挂帅那样披挂上阵，而是派人召来一个名叫巴拉的男人。

> 她打发人从拿弗他利的基低斯，将亚比挪庵的儿子巴拉召了来，对他说："耶和华以色列的上帝吩咐你说：'你率领一万拿弗他利和西布伦人上他泊山去。'"（士4:6）

底波拉认识不认识巴拉？没有见过面，但是有所耳闻。为什么？因为巴拉在当时还是小有名气的领袖，否则在当时的条件下，底波拉不会知道他，更不会召他来完成上帝的使命。我们可以推断巴拉或许是当时以色列民中最可称为男人的人，但是即使这个最可称为男人的人其表现依然很不"男人"。

底波拉将上帝的话告诉巴拉：

> 耶和华以色列的上帝吩咐你说："你率领一万拿弗他利和西布伦人上他泊山去。我必使耶宾的将军西西拉率领他的车辆和全军往基顺河，到你那里去，我必将他交在你手中。"（士4:6下-7）

巴拉心想：敌人如此强大，你怎么只让我带领一万人去征战？那不是以卵击石、白白送死吗？再说了，以色列有十二个支派，一个支派出一万人，还差不多，你竟然只让我从两个支派中抽调一万人？这也太不公平了！所以，他很不情愿：

巴拉说："你若同我去，我就去；你若不同我
去，我就不去。"（士4:8）

你看，一个男人领袖竟然要求一个女人与他一起出征，
足以证明那个时代已经没有够"男人"的男人了。其实巴拉
不是让底波拉给他壮胆，因为在一万个男人之外增加一个女
人没有任何意义。而是他要证明底波拉的话是真的：你要是
敢和我同去，我就相信这真是上帝的旨意。

底波拉说："我必与你同去，只是你在所行
的路上得不着荣耀，因为耶和华要将西西拉交在一
个妇人手里。"于是底波拉起来，与巴拉一同往基
低斯去了。巴拉就招聚西布伦人和拿弗他利人到基
低斯，跟他上去的有一万人。底波拉也同他上去。
（士4:9-10）

其实，如果巴拉有信心、有勇气顺服上帝借底波拉而传
的命令，带一万人上他泊山，那么此役将不战而胜，巴拉将
稳得荣耀。为什么只要一万人？因为那场战斗不是人打的，
人太多没有用处，而是上帝在天上为以色列人争战，"星宿
从天上争战，从其轨道攻击西西拉"（士5:20）。原来，西西
拉的军队以战车为强势，只要巴拉带一万人（人太少则不能
形成足够的声势吸引西西拉的军队）上他泊山，西西拉必带
领他的军队在山谷中的平坦之处驻军包围他泊山。山谷中有
基顺河，河的岸边平坦，且有水源，正是西西拉认为消灭以
色列人的最理想战场。而将敌人聚集在峡谷之中，这正是上
帝所要的结果，因为他要在此时降暴雨，暴雨必定在山谷中
形成洪水，基顺河水暴涨漫过两岸，洪水还会形成泥石流，

敌人的战车优势反而成了他们的拖累。因此不是以色列人消灭敌人，而是"基顺古河把敌人冲没"（士5:21上）。强寇瞬间土崩瓦解。此时以色列人才勇气大增，个个奋勇杀敌。原来这一万人都是来打扫战场收拾战利品的。

许多时候，环境看起来非常可怕，完全没有取胜的可能，但是，上帝说："不要怕，只要信！"我们只要顺服上帝的心意，凭着信心做出正确的决定，那么上帝就必定从天上为我们争战。

雅亿

> 只有西西拉步行逃跑，到了基尼人希百之妻雅亿的帐棚，因为夏琐王耶宾与基尼人希百家和好。雅亿出来迎接西西拉，对他："请我主进来，不要惧怕。"西西拉就进了她的帐棚。雅亿用被将他遮盖。（士4:17–18）

西西拉万没有想到会遭到全军覆灭的下场，结果只有自己一个人单身逃离战场，又累又饿，直奔雅亿的帐棚。问题是：西西拉为什么如此信任雅亿呢？这里大有原因。因为：

> 摩西岳父何巴的后裔基尼人希百，曾离开基尼族，到靠近基低斯、撒拿音的橡树旁支搭帐棚。（士4:11）

因为雅亿的丈夫希百是趋炎附势、随风倒的人，他背弃了先祖与以色列人的盟约，转而投靠实力强大的夏琐王耶宾。

有人告诉西西拉说："亚比挪庵的儿子巴拉巳经上他泊山了。"西西拉就聚集所有的铁车九百辆和跟随他的全军，从外邦人的夏罗设出来，到了基顺河。（士4:12-13）

这个将以色列人的军事动向告密给西西拉的人不是别人，正是希百。虽然这里有上帝的心意，要吸引西西拉到基顺河，但是希百毕竟犯了通敌罪。这就是为什么西西拉如此相信雅亿，因为他认为雅亿的丈夫希百是自己的同盟，故此一点防范之心都没有。

但雅亿为什么热情接待西西拉，而后又非置其于死地不可呢？因为，雅亿清楚地知道：巴拉打败西西拉之后，必会追讨希百背叛之罪。雅亿一定要有所作为，才能够挽救自己以及整个希百家族所面临的灭顶之灾。所以，雅亿必须利用西西拉视自己为同盟的信任，趁机行动，置其于死地，将功抵过，为丈夫的错误做出补偿。这是她惟一的选择。但是一个弱小女子要杀死一个强大的三军统帅谈何容易？所以，才会出现这样的一幕：

西西拉疲乏沉睡。希百的妻雅亿取了帐棚的橛子，手里拿着锤子，轻悄悄地到他旁边，将橛子从他鬓边钉进去，钉入地里。西西拉就死了。（士4:21）

这样的杀人方法绝不是男人的作为，因为男人一定是干净利索地采取其他方式：用石头砸，用刀砍，或者用锤子打。而且雅亿手中确实有锤子。但是雅亿知道，自己是手无缚鸡之力的女人，万一不能一下置西西拉于死地的话，那么最终谁杀死谁就难说了。所以，她用一头尖锐的橛子，对准西西拉的要害部位太阳穴，用锤子去敲橛子。这样即便力量不够也足以取西西拉的性命。而且，雅亿不仅仅要亲手杀死西西拉，而且必须还要有毋庸置疑的证明，才能拿到头功。所以，她将西西拉钉入地里，以达到"板上钉钉"的效果。完成这一壮举之后，她就直奔下一个步骤——要巴拉见证这一切：

> 巴拉追赶西西拉的时候，雅亿出来迎接他说："来吧，我将你所寻找的人给你看。"他就进入帐棚，看见西西拉已经死了，倒在地上，橛子还在他鬓中。（士4:22）

因为巴拉不可能杀"功臣"的家眷，雅亿也终于达到自己解救全家族性命的目的。

从《圣经》这些关于女人的故事可以清楚地看到：上帝使用女人"修理看守"不是常态之下的事情，都是特例——不是在没有"男人"的情况下，就是在非女人不可的环境中。所以，这些特例不应成为今天教会众姊妹要出头带领的佐证。教会在没有弟兄带领的情况下，姊妹当然可以带领。但是必须要清楚地意识到，这只是暂时的、阶段性的。越是成熟的姊妹，就越应该明白自己"助手"的身份，时刻留心培养男人站起来，而不是把持自己的领导位置不放。要有这样的心态：

> 你起来，这是你当办的事，我们必帮助你，你当奋勉而行。（拉10:4）

总之，我们了解婚姻中这一次序的目的，不是要让大家走"律法主义"路线，而是要在知道次序的前提下，让上位者明白要给下位者恩典，即放弃自己的某些权益，愿意牺牲和舍己；下位者也要懂得对上位者的付出和牺牲表示感恩。如此才会有真正的和谐。否则即便是五五分的平等，彼此也会心中不服。

《圣经》告诉我们，上帝不是讲平等的，而是讲公义的。每个人在这个世界上都有自己的位份，都有与其位份相应的权力、利益、荣誉和责任。要想得到更高的位份，就要首先忠心于自己原有的位份，你的忠心会使你按照上帝的律例得到升迁，而不是靠自己用其他手段去夺取。

> 凡自高的，必降为卑；自卑的，必升为高。

（路18:14上）

夫妻俩就像铁轨的两边，我们都会说：你歪了！如果彼此的眼睛都盯着对方歪不歪，而不先看自己正不正的话，上帝是不会管你们的。我们总在想：如果对方改好了我们就一切都好了！你总把眼光放在别人身上，你就会痛苦，会怨恨。其实是在埋怨上帝，因为好像上帝不公平。

那上帝要我们怎么样他才介入呢？自己先摆正自己的位置不要管对方歪不歪，我回我的本位。等你自己归位以后，上帝怎么办呢？上帝就像铁路工人，会按照你的位置来衡量对方是否对位。我们都喜欢拿《圣经》真理去要求别人而不是自己。世界上没有人能够用任何方法改变人，只有上帝能！

我们的结论是：

婚姻中不是夫妻平等，

而是夫妻有序，回归本位！

第三个误区：
婚姻是搭伴过日子

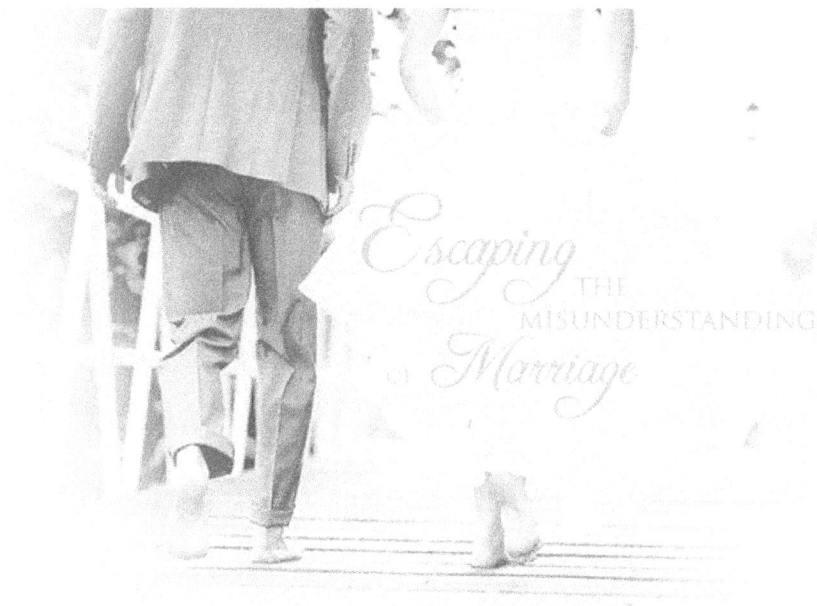

Escaping THE
MISUNDERSTANDING
of Marriage

婚姻是搭伴过日子吗？

如果你有兴趣对"人为什么要结婚？"这个问题做个调查的话，你会发现许多人很茫然，他们可能会说："不知道，没好好想过。"或说"找一个伴儿过日子呗。"这种认为婚姻是搭伴过日子的错误认识也是婚姻关系中出现诸多问题的主因之一。这种错误认知有几种：

1、搭伴过日子是以自我为中心

如果婚姻就是搭伴过日子，我们就会寻找一个满足我个人需要的、适合我情趣的伴儿来陪我一起走完人生道路。这是以自我为中心的寻求婚姻的态度。出于这样动机的婚姻根本是为了满足自己的私欲而不是建立在爱的基础之上。因为《圣经》告诉我们："爱"是不求自己的益处。保罗说："无论何人，不要求自己的益处，乃要求别人的益处。"（林前10:24）

现在越来越多的年轻人认同这样的观念：找一个我爱的人谈恋爱，找一个爱我的人结婚。在这样的动机下，我为你所付出的"爱"，完全是在做"投资"——即便是我对你的"好"，也完全是为了你能对我更好！你看，这难道不是典型的自我中心吗？

2、搭伴过日子其实是双方利益的互补

由于人们普遍都对婚姻存在搭伴过日子的态度，所以，你会发现众多网站、电视节目或报纸广告上的相亲、找对象

信息都有一个定式——身高多少、月薪多少、有无房产……标明具体的条件，然后按图索骥。因着"搭伴过日子"的观念，夫妻之间的婚姻关系更像是条件互换、需求互补、互惠互利，是一种变相买卖关系，就好像做交易，"用我有的换我所没有的"。

有人会认为：这又有什么不好的？婚姻不就是两个人互相的事吗？正因为这样的婚姻强调"互相"，所以双方必定是根据对方表现的好坏来调整自己付出的大小。这种观念支配下的婚姻只是一定条件下的稳定。条件是：双方的利益必须均衡。因为一旦利益失衡，关系就会出现裂痕，裂痕大到一定程度，关系就会破裂。不"平衡"的一方就会认为目前这个伴儿没选好，并因此产生很多的怨言，或者考虑换一个"更合适"的。即，你表现不错，我就礼尚往来；你若对我不住，那么对不起，我也只好以其人之道还治其人之身了。

3、搭伴过日子就无所谓结不结婚

如果你认为婚姻是搭伴过日子，那么你一定会发现：不结婚也完全可以搭伴过日子。这就是为什么现在社会上有越来越多的人只同居而不结婚。既然不结婚也可以搭，那么结婚做什么？还要有那么多的麻烦，那么多的责任，那岂不是多此一举吗？

现在社会搭伴过日子的情况比比皆是，越来越普遍。其大致可以归纳成这样几类：

一类是正在求学的大学生，耐不住四年远离家乡和父母的空虚、寂寞和孤独，早就双双对对过上小夫妻的日子了。大学毕业之日，基本上就是二人散伙各奔前程之时。

一类是一些"试婚"的年轻人，为了"进退方便"而先搭伴过上一段模拟夫妻的日子，来暂解性欲和孤独感的"燃眉之急"。看看你合不合适我，不合适的话就分手，我再找一个"更合适"的。

一类是离婚或丧偶的中老年人，再一次结婚会涉及财产分配、儿女反对等令人头疼的问题。干脆别那么麻烦，两个人直接搬到一起住，互相有个照应、能打消孤独感就行。

一类是正在婚姻中，但有了外遇的：你不符合我的需要，我又不想因为离婚闹得满城风雨，或因孩子、财产争个面红耳赤。如果不能"明修栈道"（两个人都心照不宣地各求新欢），咱也可以"暗度陈仓"（"家里红旗不倒，家外彩旗飘飘"）。既然这伴儿搭不下去，何必强求，活的那么累？找能搭的去搭，大家都轻松。这正是目前备受推崇的所谓"明智之举"。

一类是从农村到城里打工、因环境所迫夫妻分居的男女，长时间生理需求得不到解决，夫妻团聚又是遥遥无期，本来就是一肚子的委屈，来了需求，何必再苦着自己？临时拼凑一对，不必谈什么责任、感情，各取所需，互惠互利，谁也不必为对方、为自己的行为承担什么后果。

一类是在海外留学工作的"临时夫妻"，孤身一人到国外的人，常常也因长期的分居而与他人临时拼凑在一起过日子，以解决目前生活上的负担和情欲上的需求等问题。

另一类，是那些"留守"在农村或是国内的男女，也常常因为同样的原因，而频发搭伴同居的行为，甚至几男共搭一女，或几女共搭一男。

······

总之，我们可以看到目前社会中，这形形色色、五花八门

"搭伴过日子"的情况已经日趋严重到令人扼腕叹息的程度。

4、搭伴过日子的夫妻角色没有次序

搭伴过日子的婚姻中，夫妻关系没有次序的概念。伴儿，就是朋友。我们在上一章刚谈到，朋友之间是平等的关系。既然咱俩平等，所以谁对对方都没有约束，也没有责任。愿意过就过，不愿意过就不过；高兴在一起就在一起，不高兴就拉倒。而且搭伴过日子，就必然是"得过且过"，没有共同的目标，没有彼此的承诺（有承诺也就是那么回事，不过是婚礼上的节目点缀而已）。所以今天的社会，人们结婚、离婚就像是儿戏一样。那本应严肃神圣的婚礼当然也就像是一个个讲排场、找乐子、寻刺激的大派对。

"搭伴过日子"的婚姻观大致可以分为两种：

一是搭"情欲"之伴。强调有没有"来电"的感觉，相信一见钟情；随着情欲减弱，关系也逐渐冷淡，甚至破裂。随着新的情欲被激发而开始搭新的情欲之伴。

二是搭"利益"之伴。强调利益互换、条件互补，相信爱情需要物质基础，相信没有无缘无故的爱。

无论是搭什么伴，都是有条件的"爱"。

《圣经》说：

> 婚姻，人人都当尊重，床也不可污秽，因为苟合行淫的人，上帝必要审判。（来13:4）

意思是说：婚姻关系，是上帝最为重要的创造，是最为神圣的人际关系，所以任何人都必须尊重这一关系。

这一关系意味着一男一女两个人登记取得凭证，并且以婚礼的盟约形式来昭示众人，凡事以夫妻相称，从此建立合一的家庭的形式。

如果你们还没有结婚就有了性关系，你对婚姻不尊重；

如果你结了婚，可是在婚姻之外还有性关系，你对婚姻不尊重；

如果你干涉、影响甚至破坏别人的婚姻生活，你对婚姻不尊重；

如果你几次结了又离，离了又结，把婚姻关系当成儿戏，你对婚姻不尊重；

如果你将婚姻作为获取某种利益的渠道或和对方交易的筹码，你对婚姻不尊重；

如果你看到儿媳妇或女婿对自己不好，就强迫自己的儿女离婚再嫁娶，你对婚姻不尊重；

所有对婚姻不尊重的人都是不尊重上帝对婚姻的神圣创立。

"床"，在这里也指代男女"性"关系。在上帝的眼中，性与婚姻关系是不可分离的。男女只有结了婚才可以在两人之间有性的关系。如果"床"与婚姻分离，二人就是苟合行淫。那么上帝就必咒诅这样的事情。要想享受性生活，只有结婚，因为只有在婚姻里的性关系才是神圣的，也是惟一合乎上帝心意并蒙上帝祝福的。当人们自私地把婚姻和性关系割裂开来，认为婚姻是婚姻，性是性，个人应该有自由，根据欲望各取所需时，淫乱之风在社会上就会恣意横行。我们从《圣经》中也可得知，淫乱之风的盛行乃是整个社会机体衰亡的开始。

在过去的社会，人们对婚姻和两性关系"密不可分"的观念远远比现代人牢固得多，那时的人们都认为婚姻是"终身大事"。男人认为糟糠之妻不可弃，女人认为嫁鸡随鸡嫁狗随犬。这样的传统观念父子相传，祖祖辈辈铭刻在心里。所以上帝允许他们很容易地进入到婚姻关系中。那个时候的人们结婚并不是件难事，男女双方可能都没见过一面，媒婆一牵线、双方父母一点头就定了。两个铺盖卷放在一起就算结婚了，有一顿比平时稍好一些的饭，就算成了亲。虽然进入婚姻的渠道方式都非常简单、快捷，但一旦结合，双方就是终生厮守。打不打？吵不吵？也打也吵，但无论怎么打怎么吵，谁都没有想过要离婚。因为离婚在社会看来是个很羞耻的事情，人们想的是：没有什么大不了的，过去就好了。离婚？丢不起那个人呐。两个人磕磕绊绊一辈子下来，到了晚年，却谁也离不开谁了。

过去，经济比较落后，生活艰辛。在以生存为首要目的的环境下，人们对婚姻的认识比较深刻：婚姻的稳定，使得赖以存在的家庭得以保全。家庭，对其中的每个成员来说，都好比是大海中的一条船，不论船多么破旧，都是我们安全渡过难关的指望。所以人们从内心领悟婚姻的含义为"同舟共济"。

而现在就不同了，经济的发展使生存不再成为首要的目的，宽松的环境可以给人们以舒适的生活条件，人们在追求肉体享受的同时，对生命、生活、婚姻、家庭的认识变得越来越肤浅。现代人在重蹈当初以色列人的覆辙：困难时，他们就切切呼求上帝；一旦情况好转，他们就歌舞宴乐远离上帝。

婚姻不是搭伴过日子，
乃是进入盟约

　　盟约是什么呢？在中国古代，盟会时要割牲歃血，主盟人手执牛耳，掘穴埋牲。《说文解字》说："盟，割牛耳盛朱盘，取其血歃于玉敦。"可见结盟是要见血的。为什么要有血呢？人类历史上第一个盟约的仪式，是上帝亲自与亚伯拉罕所订立的约，上帝应许要赐福于亚伯拉罕，立他做多国之父。这记录在《创世记》第15章：

> 　　他（耶和华）说："你为我取一只三年的母牛，一只三年的母山羊，一只三年的公绵羊，一只斑鸠，一只雏鸽。"亚伯兰就取了这些来，每样劈开分成两半，一半对着一半地摆列，只有鸟没有劈开。有鸷鸟下来落在那死畜的肉上，亚伯兰就把它吓飞了。日头正落的时候，亚伯兰沉沉地睡了，忽然有惊人的大黑暗落在他身上……日落天黑，不料有冒烟的炉，并烧着的火把，从那些肉块中经过。（创15:9-12、17）

　　在这个盟约仪式之前，上帝也同亚当和挪亚立过约，但是都没有举行仪式，而与亚伯拉罕立约之后就举行了这个严肃的盟约仪式。上帝让亚伯拉罕将牲畜从中间一劈两半，一一对应地分放在两边。这样就在中间形成一条洒满牲畜鲜血的道路。盟约的双方要一同从这条鲜血覆盖的道路走过去。这仪式的含义是说：当我们踏上这条血路，我们就变成盟约的关系，是不可再分的一体的关系。是一体就意味着永不可分开，今后把我们分开的惟一办法就是像这牲畜所遭遇的一样，拿刀把我们从中间劈成两半。这样人还能活吗？不能活！所以盟约的意思就是：只有流血和死亡才能终止这约，所以这约乃是一生一世永恒的约，是不可废除的。从那以后，这个方式变成以色列人常用的立约方式：

> 犹大的首领、耶路撒冷的首领、太监、祭司和国中的众民曾将牛犊劈开，分成两半，从其中经过，在我面前立约。后来又违背我的约，不遵行这约上的话。我必将他们交在仇敌和寻索其命的人手中，他们的尸首必给空中的飞鸟和地上的野兽作食物。（耶34:18-20）

但是几个世代以后的以色列人慢慢忘记了盟约的精义，逐渐把它演变成一种表面形式了。他们为了让对方相信自己的诺言，就煞有介事地劈开牲畜，从中间走血路，但却不真心地履行盟约，而只是为了达到自己的目的，满足眼前的利益。即该订约时就订约，想背约时照样背约。所以，上帝就通过先知耶利米告诉他们：你们这个约是在我面前立的，日后你若违背这个约，我就要重重地惩罚你。

要知道，在我们现代社会的婚礼中，新郎和新娘所走的红地毯，其实就是象征着那条鲜血覆盖的血路，而婚礼实际上就是缔结盟约关系的仪式。但是多少走过红地毯的夫妇，完全不知道红地毯的深刻含义。新人们，你们俩是在走盟约的血路啊！正因为人们没有把婚礼当成是在上帝面前所进行的神圣盟约仪式，而都当成大家一起找乐子的大派对，所以他们过后也儿戏般随意地违背那约定，不遵守自己在婚礼上所许下的诺言。现在全世界居高不下的离婚率不正说明毁约情况的严重吗？那是上帝所不喜悦的。

基督徒婚礼上，大家都常常会唱《盟约歌》，以丈夫与妻子的盟约关系表征上帝对他子民永远不变的爱。

> 我以永远的爱爱你，我以慈爱吸引你，
> 聘你永远归我为妻，永以慈爱诚实待你……

短短四句歌词中就有三个"永"字来强调，这是终身的盟约。因此，婚姻不是搭伴过日子，乃是进入一个一生不可反悔的关系，惟有死亡才能将两人分开。夫妻双方只要都活着，就当保守自己身心灵的圣洁，若其中一人跟婚姻之外的任何其他人有了性关系，就是淫乱。

> 就如女人有了丈夫，丈夫还活着，就被律法约束；丈夫若死了，就脱离了丈夫的律法。所以丈夫活着，她若归于别人，便叫淫妇；丈夫若死了，她就脱离了丈夫的律法，虽然归于别人，也不是淫妇。（罗7:2-3）

一、盟约一旦缔结，就不可废弃和反悔

> 弟兄们，我且照着人的常话说：虽然是人的文约，若已经立定了，就没有能废弃或加增的。（加3:15）

中国有句古话叫做"人无信不立"，可见讲信用是做人最基本的品格。讲信用也是上帝最看重的品格。人的一个承诺尚且不能随便更改，何况在上帝面前立的约呢！很多人发了誓之后，发现代价太大，过于自己原来想象的，觉得亏了，就想反悔。上帝的原则却是——即使吃了亏也不可改变。我们常常看的是事情对错，上帝看的却是人心，确切说就是守约的好品格。上帝视毁约是极严重的罪。

二、许愿和立约的重要原则

1、不可轻易许愿，许愿就要还愿

《圣经》里讲了士师耶弗他付出极大代价还愿的故事：

> 耶弗他就向耶和华许愿，说："你若将亚扪人交在我手中，我从亚扪人那里平平安安回来的时候，无论什么人，先从我家门出来迎接我，就必归你，我也必将他献上为燔祭。"（士11:30-31）

耶弗他作为上帝拣选的以色列民的领袖，是上帝所看重的人，也是上帝所要大大使用的人。面对比自己强大的敌人本应比其他人都更加慎重而少一些血气才是。然而在战事紧迫、形势危急的压力下，他未经认真思索，就贸然地向上帝许下诺言：若上帝能保佑他战胜敌人，平安回家，就将第一个迎接自己凯旋的人献为燔祭。然而他，根本没有想到他向上帝许诺的"无论什么人"中也会包含他最爱的独生女儿。其实这正是我们许多人的通病：情急之下，头脑一热就忘乎所以，不考虑后果。

耶弗他回米斯巴到了自己的家。不料，他女儿拿着鼓跳舞出来迎接他，是他独生的，此外无儿无女。（士11:34）

结果，第一个出来迎接他的竟然是他的女儿。此时耶弗他面临两个选择：一是以不履行诺言来救自己的女儿脱离燔祭，但是他的悔约会使他失信于上帝，最终也会失去以色列全民对领袖的信任；二是言而有信，持守诺言，那么代价就是要失去自己的独生爱女。但显然，把女儿作为燔祭献上远远超出了他心理所能承受的范围。

耶弗他看见她，就撕裂衣服，说："哀哉！我的女儿啊，你使我甚是愁苦，叫我作难了。……"（士11:35上）

但是，他意识到自己前面的错误，同时决定不能一错再错。所以他告诉女儿那是不可更改的事情：

"……因为我已经向耶和华开口许愿，不能挽回。"（士11:35下）

耶弗他决心为自己的过失承担一切后果。而耶弗他的女儿是一个深明大义的女人：

他女儿回答说："父啊，你既向耶和华开口，就当照你口中所说的向我行，因耶和华已经在仇敌亚扪人身上为你报仇。"（士11:36）

她不但没有埋怨因父亲的鲁莽导致自己无辜牺牲，反而安慰并支持父亲，因为这是父亲和上帝之间所立的约定。上帝既然已经如约做了在亚扪人身上报仇的那一部分，那么父亲当然也要履行自己"将先迎接他的人献为燔祭"的诺言。

耶弗他的故事给我们很好的提醒。

我们在情急之下常常会不假思索地说一些发狠的誓言，但之后情况改变就又反悔了。

我认识一个在澳门的牧师，他年轻的时候是足球队员。一次足球比赛时，球打到他的眼睛上，不幸的是球上有沙子，把泥沙打到他眼睛里了。到了医院以后，眼睛里的泥沙任凭怎么冲都冲洗不干净。医生说要给他做眼球摘除术，因为一旦留在眼睛里面的沙子引起感染，那就不是一只眼睛的问题了，连生命都会有危险。眼看眼睛不保，他痛不欲生，这么年轻就失去一只眼睛，以后怎么娶媳妇成家啊？他那时候已经信耶稣了，但是不常去教会。这时他想起了久违的上帝，他就跟上帝祷告说：上帝啊，你要是能保住我的眼睛，我就把一生奉献给你，我要当传道士去传讲福音。他刚祷告完，忽然心里一阵感动，就止不住地哇哇大哭起来，别人都以为他为自己将失去眼睛而伤心，都过去安慰他，可是怎么劝都劝不住，而且越劝他哭得越厉害。没有办法，有人说就让他哭吧，等他哭完了再做手术。过了好一阵，等他哭完了上手术台，大夫一检查，说："奇怪？手术不用做了，怎么眼睛里面的沙子都没有了？"原来他大哭的时候，眼泪把沙子全带出来了。他当时真感谢上帝，但眼睛好了之后，时间一长，他就把跟上帝许的愿抛到脑后，到职场上风光去了。

正在他事业蒸蒸日上的时候，又遇到件极大的难事，他万不得已才又求助上帝。上帝提醒他说：你上次向我许的愿还没有兑现呢。这一次，他完全降服下来，立刻把自己的一生奉献给了上帝。他后来成了澳门很有名的牧师。这个故事告诉我们，所有在上帝面前许的愿，上帝都是当真的。

2、不可轻易盟约，一旦盟约就不可悔约

《约书亚记》第9章记述了一个故事：

> 基遍的居民听见约书亚向耶利哥和艾城所行的事，就设诡计，假充使者，拿旧口袋和破裂缝补的旧皮酒袋驮在驴上；将补过的旧鞋穿在脚上，把旧衣服穿在身上。他们所带的饼都是干的，长了霉了。他们到吉甲营中见约书亚，对他和以色列人说："我们是从远方来的，现在求你与我们立约。"以色列人对这些希未人说："只怕你们是住在我们中间的，若是这样，怎能和你们立约呢？"他们对约书亚说："我们是你的仆人。"约书亚问他们说："你们是什么人？是从哪里来的？"他们回答说："仆人从极远之地而来，是因听见耶和华你神的名声和他在埃及所行的一切事，并他向约旦河东的两个亚摩利王，就是希实本王西宏和在亚斯他录的巴珊王噩一切所行的事。我们的长老和我们那地的一切居民对我们说：'你们手里要带着路上用的食物，去迎接以色列人，对他们说：我们是你们的仆人，现在求你们与我们立约。'我们出来要往你们这里来的日子，从家里带出来的这饼还是热的。看哪，现在都干了，长了霉了。这皮酒袋，我

们盛酒的时候还是新的，看哪，现在已经破裂。我们这衣服和鞋，因为道路甚远，也都穿旧了。"以色列人受了他们些食物，并没有求问耶和华。于是约书亚与他们讲和，与他们立约，容他们活着。会众的首领也向他们起誓。以色列人与他们立约之后，过了三天，才听见他们是近邻，住在以色列人中间的。（书9:3-16）

1）从以色列与基遍立约并守约的故事中我们能学到什么：

在盟约之前必须好好求问上帝，不要被虚假的表象所骗。

这里讲的是：迦南地基遍的居民用诡计骗取以色列人的盟约以免除灭顶之灾。以色列人没有求问上帝就和基遍人订立了盟约，后来发现上当受骗了。亚摩利五王因为基遍人和以色列人立约，就联合起来攻击基遍人。基遍人马上以盟约为由请求以色列人来解救他们。以色列人没有报复基遍人的欺骗，而是承担起自己错误的后果，忠实地持守这个使自己大大"吃亏"的盟约。

这故事与我们今天的婚姻有什么关联呢？

过去基遍人以欺骗手段和以色列订立盟约是为了逃脱被灭绝的厄运，而今天许多人以欺骗的手段骗取婚约时是为了得到自己的实惠。二者的性质完全是一样的，不同的只是因为环境的需要，前者需要把自己打扮得非常惨，而后者则是把自己打扮得非常美。我们都很容易被外表所迷惑：以色列人看到他们的惨象竟信以为真，更重要的是他们没有求告上帝，就仓促地与基遍人订立了盟约。三天以后，以色列人才发现自己上了基遍人的当。

现实中寻求婚姻时也是如此，可能面临各种虚假表象。人们伪装自己就是为了把自己瞄上的对象搞定。比如，一个男子盯上一个靓妹，或是一个姑娘恋慕一个帅哥，于是便将自己里里外外认真包装，绞尽脑汁地巧妙安排一些"偶然"、"邂逅"，然后投其所好、对症下药，把你弄个神魂颠倒，趁机求得婚姻。那一方一看对方各方面条件还不错，对自己又是情真意切，于是就不加分辨地认定他就是上帝为自己预备的另一半。遗憾的是，在恋爱中的人智商常常是零。等进入婚姻之后，很快发现，原来：

工作是临时的；

房子是租的；

办婚礼的钱是借的；

学历是假的……

此时才惊呼上当！关键是，当人被表象所迷恋时，就往往像当初以色列人那样，忘记求告上帝。即便有几个说自己的确祷告了，其实也是马马虎虎的走形式。因为你一旦在心里预定了的事，你会觉得怎么祷告都通。等到进入了婚姻，实实在在过起柴米油盐的生活，才发现原来所看中的东西是多么虚浮，蒙蔽了双眼。

不可存报复的心，宁可吃亏也不"更改"。

以色列的领袖发现被骗后，本来是有机会脱离此盟约的。基遍原来的五个盟国，得知基遍人背叛他们，却去跟仇敌以色列结盟时，他们不敢对抗以色列人，就联合起来要剿灭叛徒基遍人。面对这样的"好机会"，以色列人本可以认为：真是上帝有眼！你做了不义的事，骗了我的盟约，我不能毁约，也不能拿你怎么样，但自有上帝让你的盟友来收拾你这不义之徒。

按照一般人的想法：当初你们欺骗我们立约，今天不正好借着敌人的手消灭你们吗？这样我自己没有背弃约定，反可以从这个吃亏的约定中解脱出来，可谓一举两得，何乐而不为呢？可是以色列人却没有这样做。他们仍然按照盟约的道义，奋起征战，帮助当初用欺骗手段成为自己盟友的基遍人。

当我们的婚姻出现严重问题时，也可以有两种态度：

一种是等待机会。比如，我不能跟你离婚，否则人们会说我不义。但是别让我抓住你的把柄，一旦抓住你的把柄，我就可以有充足的理由脱离和你的盟约。所以二人各行其是，同床异梦，过有名无实的婚姻生活。

另一种则是任其自灭。比如，当配偶患病、有急难的时候，不提供切实有效的帮助，反而认为是上帝要惩罚配偶的不义，"是你的恶行遭受报应"，面对配偶的危难采取袖手旁观甚至是幸灾乐祸的态度。

这些都是不讨上帝喜悦的。

《圣经》中对义人有这样一个很重要的描述：

> 他眼中藐视匪类，却尊重那敬畏耶和华的人。
> 他发了誓，虽然自己吃亏，也不更改。（诗15:4）

现代的人们大多都是：一发现自己吃亏，马上就更改。这就是现代离婚率居高不下的根本原因。我们必须真诚地履行盟约的义务和责任，因上帝鉴察人心，他不喜悦存心报复的人。

> 亲爱的弟兄，不要自己申冤，宁可让步，听凭主怒（或作"让人发怒"）。因为经上记着："主

说，申冤在我，我必报应。"（罗12:19）

所以，面对基遍人的呼求，在本族长老和百姓责备的高压下，以色列的领袖却毅然选择持守盟约的条例，奋起为骗自己陷入盟约陷阱的基遍人争战。显然，他们守约的态度大得上帝的喜悦，并大得上帝的祝福和帮助。据《圣经》记载，上帝为此行了两个极大的神迹来表明他对以色列人此举的态度：

一是在以色列人与敌人短兵相接、混战一处时，上帝从天上降下冰雹，且冰雹专砸敌人，却不砸以色列人，这不是大大的"神迹"吗？而且《圣经》告诉我们：被冰雹砸死的敌人比以色列人用刀杀的还多。此外，因为是五个王联合与以色列作战，敌人太多，一时半会儿杀不完，为了能够战胜亚摩利五王，上帝又行了第二个神迹：他回应以色列人的祷告，竟然让日头在天空中停住不下落，约有一日之久，为以色列人作战照明。这也是人类天文史上的"奇事"。

上帝借这两个神迹告诉以色列人：你们只要做出合乎我心意的选择，其他的事我会来帮助你做。

> 既是这样，还有什么说的呢？上帝若帮助我们，谁能敌挡我们呢？（罗8:31）

2）背弃盟约的，上帝必照你所行的待你。

> 大卫年间有饥荒，一连三年；大卫就求问耶和华。耶和华说："这饥荒是因扫罗和他流人血之家，杀死基遍人。"（撒下21:1）

基遍的故事还没有结束。到了大卫年间，以色列遭遇了一连三年的旱灾，大家不知道是什么原因，大卫就求问上帝。上帝告诉他：你们和基遍人立了约，但是扫罗后来违约杀了基遍人。既然已经是盟约在先，就不能再毁约残害盟友。上帝要为受屈的基遍人伸冤。本来是想保护扫罗后裔的大卫，不得不交出扫罗的7个后裔，任凭基遍人处置。做出补偿之后，天就降雨了。上帝为了外邦人竟这样惩治他自己的百姓，这正说明一个问题，上帝极为看重盟约。这也给当妻子的一个重要启示：当盟约中的以色列人毁约迫害基遍人时（在上位的欺负在下位的），基遍人无力反抗只能忍气吞声，耶和华却为他们伸张正义。如果上帝对待这个以欺骗手段进入盟约的民族尚且如此，更不要说会如何对待光明正大进入婚姻的妻子了。所以，当作妻子的在婚姻中受到丈夫逼迫时，如果你不是自己去求公平、为自己申冤，而是做好自己的本职、守住自己的本位，依靠上帝，上帝必为你伸张正义。因为：

> 主耶和华如此说：你这轻看誓言、背弃盟约的，我必照你所行的待你。（结16:59）

今天，很多人（包括基督徒婚姻）婚姻关系出现了问题，就归咎于在择偶方面"犯了错误"，意思是"我认错人了"。于是，就忙着想"纠正错误"，再找一个"对"的。他们的理由往往是：

·我被他（她）骗了，他（她）根本没有我想象的那么好。

·我当时就看他（她）外表了，却没想到他（她）品格这么不好。

·我当初没有信主，所以决定得太草率。

·我虽然是基督徒，但结婚时没有求告上帝。

答案显而易见。不管你们是出于什么原因结的婚，上帝的心意都是要你负起自己在此过程中所应承担的责任。

现在你明白盟约的含义了吧！放眼看看现在的年轻人，是持"搭伴过日子"心态的多，还是持"婚姻是盟约"心态的多？显然，前者更多。虽然结婚的时候也在仪式上盟誓："无论健康还是疾病，富足还是贫穷，成功还是失败，都永远爱你，直到生命的终了。"其实大家心想的还是健康、富足、成功，完全没有想到也可能会有病痛、穷困、失败。基本没有这样的心理准备，所以一旦面对困难，就彻底崩溃缴械投降。

三、如果夫妻双方是搭伴过日子的心态，就必然会出现权力与利益的竞争

我前面说过，如果婚姻是夫妻搭伴过日子，就不是团队。不是团队就不会讲次序，更不会讲利益共享，而一定是奉行"谁的就是谁的，但是双方可以互通有无、等价交换"的原则。这就是为什么越来越多的夫妻在结婚前一定要做财产公证。而在家庭事务的发言权、决定权方面，也一定是与个人具体为家庭所做出的"贡献"挂钩的，即：凭能力、论实力、看潜力。这样的态度早晚会对合一的关系造成致命的伤害。

大卫在处理以色列人中的这种处世态度时，有极好的原则可以供我们反思：

大卫到了那疲乏不能跟随、留在比梭溪的二百

人那里。他们出来迎接大卫并跟随的人。大卫前来问他们安。跟随大卫人中的恶人和匪类说："这些人既然没有和我们同去，我们所夺的财物就不分给他们，只将他们各人的妻子儿女给他们，使他们带去就是了。"大卫说："弟兄们，耶和华所赐给我们的，不可不分给他们。因为他保佑我们，将那攻击我们的敌军交在我们手里。这事谁肯依从你们呢？上阵的得多少，看守器具的也得多少，应当大家平分。"大卫定此为以色列的律例、典章，从那日直到今日。（撒上30:21-25）

大卫率领六百以色列人追赶掳掠他们亲属的亚玛力人，在途中，有二百人因体力不支而难以跟随。大卫考虑到他们会拖慢追击的速度，而且即便追上敌人，这些人也无余力投入战斗。他们体力的软弱反而有可能成为激励敌人士气的因素。于是大卫命令他们在原地看守器具，亲自带领身体强壮的四百人轻装前进，继续追击亚玛力人。结果他们很快追上了敌人。因为这四百人强壮有体力，所以给敌人很大的震慑，最后骑着骆驼逃跑的亚玛力人就有四百人之多，相当于大卫能够投入战斗的全部兵力。大卫杀散了亚玛力人，救回被掳走的亲属并夺回全部财物。凯旋的时候，大卫并没有轻视那些体弱没有参战的二百人，反而主动地向他们问安。可是那四百人中一些心胸狭隘的人却自恃功高，只想将那两百人的亲属归还他们各人，将全部战利品归参战的人独享。他们认为：这是我出力得来的，当然归我所有。但是大卫却不以为然，他做出了自己的决定，并使之成为以色列人世代的分配原则。

1、大卫为以色列所设的定例带给我们重要的启示：

1）启示一：每个人做事情的能力出于上帝，所有的成功也都出于上帝。

我们必须清楚地认识到，每个人所拥有的能力都是上帝的恩赐，绝非个人的资本。

> 你要记念耶和华你的神，因为得货财的力量是他给你的，为要坚定他向你列祖起誓所立的约，像今日一样。（申8:18）

正因为恩赐是上帝随己意给每个人的，所以人的能力才有强弱之分，就像主人给仆人银子一样：

> 按着各人的才干，给他们银子，一个给了五千，一个给了二千，一个给了一千，就往外国去了。（太25:15）
>
> 过了许久，那些仆人的主人来了，和他们算账。（太25:19）

上帝不但要与我们算账，而且是根据给我们的本钱（恩赐）来算，所以他对不同恩赐的人所要求的贡献也是不同的：

> 到我来的时候，可以连本带利收回。（太25:27下）

因此，每个人都应"尽"上帝所赐的"力"而为，正所谓"能者多劳"。"力"大的人，理应比"力"小的付出更多。而且，越充分发挥上帝恩赐的人，就越能得到上帝的赐福。所以耶稣说：

> 因为凡有的，还要加给他，叫他有余；没有的，连他所有的也要夺过来。（太25:29）

即便你有能力，但所做的事情有没有果效，能否获得最后的成功，并不是你的能力所能决定的，而是掌握在上帝的手中。正所谓："谋事在人，成事在天"。所以大卫说："因为他保佑我们，将那攻击我们的敌军交在我们手里。这事谁肯依从你们呢？"（撒上30:23下-24上）意思就是：我们之所以能够打败比我们人数多、以逸待劳的亚玛力人，不是因为我们有超强的作战能力，而是耶和华将敌人交在我们手里了，不是我们凭人的力量可以掌控的。所以，再有能力的人也没有任何理由骄傲。

2）启示二："能者"应持"能者多劳、利益均享"的态度，在团队关系中"能者多劳"乃是上帝的心意。

但是如果"能者"反过来主张"多劳多得、按劳取酬"，则是不讨上帝喜悦的了。因为这不仅是将上帝的作为当成了自己的功劳，窃取了上帝的荣耀，而且这一态度会在内部造成"离心力"，破坏团队的"凝聚力"。《圣经》清楚地告诉我们：这是"恶人"与"匪类"的态度。凡是认为婚姻是搭伴过日子的夫妇，注定在婚姻中都持如此的心态，但基督徒的婚姻是盟约，不能混同于世俗的婚姻，应按照大卫为以色列人设的定例而行。

在利益的获得方面，"能者"应谦卑下来，持守"能者

多劳，利益均享"的原则。

这样的态度会大大有利于团队的合一。其实，这也是我们在"男女平等"误区中所阐述的："处上位者要降尊为卑，与处下位者平等。"

反过来，弱势一方应主动谦卑地主张"多劳多得"——因为我的贡献小，所以理应少得。

我们中国人从小教育孩子要有"孔融让梨"的态度，即：因为我小，所以我应该吃小的梨子。其实，这就是我们在"男女平等"的误区中所说的："处下位者不要求平等，而要守本位。"

我们可以清楚地看到目前社会上的婚姻家庭情况与这一原则正相反：强势的一方强调要"按劳分配"、"论功行赏"；弱势的一方则高呼不可"恃强凌弱"，而应"凡事平等"。

3）启示三："上阵的得多少，看守器具的也得多少"是基督化婚姻的原则。

上帝根据丈夫和妻子各自不同的恩赐，让我们或"上阵"或"看守器具"。人们常根据世俗的价值观来看待我们的能力以及我们所做的事情和果效，那实际是因目中无上帝而产生的观念。但人都是自私的，"上阵的得多少，看守器具的也得多少"的原则在社会上很难实施。这就是为什么人们越来越明白："各尽所能、按需分配"的社会形态在一个个自我中心的"罪人"当中只不过是一种理想而已，完全不可能真正实现。而教会和我们基督徒的家庭应该是上帝国度在地上的彰显。上帝的心意，乃是让我们首先在自己的婚姻和家庭当中，继而在上帝的家——教会里，活出这样的样式来，进而逐渐影响周围的人。

关于这一原则，大家也许会有一些疑问。

问题：这一原则会不会助长婚姻中好逸恶劳、不劳而获的恶习？

在这样的情况下，我们先要区分对方是"不能"还是"不为"？

没有跟随大卫上阵的那两百人是因为"体弱"（自身能力有限），是"不能"而非"不为"。

> 于是大卫和跟随他的六百人来到比梭溪；有不能前去的就留在那里。大卫却带着四百人往前追赶；有二百人疲乏，不能过比梭溪，所以留在那里。（撒上30:9-10）

他们虽然没有上阵，但是也尽自己能力在"看守器具"。没有他们，上阵的人也不能安心作战。所以"看守器具"的人也是尽心竭力，功不可没。

大卫的主张"上阵的得多少，看守器具的也得多少"，即"在劳作上各尽所能，而在收获上利益均享"的主张是合乎上帝心意的。这就是结伙与团队、"搭伴"与"盟约"的根本区别所在：大卫是"盟约"的心，而恶人则是"搭伴"的心。

上帝让我们做丈夫的在面对"不能"的妻子时，要奉行大卫的原则：能者（丈夫）奋勇当先，弱者（妻子）量力而行；不在家庭责任方面与妻子讲平等，而在利益方面主动谦让。

妻子在丈夫"不能"的情况下，也不要以势压人，趁势夺权。

当前，教会的婚姻情况是丈夫的"不为"较为多见。面对这样的情况，妻子所要注意的是：切忌一味地批评指责，因为这完全无助于解决问题，而应该以爱心面对，接纳丈夫并为之祷告。因为只有上帝能改变人，人是不能改变人的。你不能指望靠你的好行为打动你的丈夫（尽管许多的婚姻课程如此教导），因为那样做的动机是错误的。夫妻之间所做的任何事情，当目的是改变对方而不是自己的时候，都是一种操纵。上帝乃是要借着配偶来改变我们自己，他要看到我们是如何面对已经不可爱的配偶的。如果你始终如一地学着以基督的爱去面对他，将结果完全交托给上帝，你会逐渐发现改变的是你自己。你变得更成熟、更有爱心、更讨上帝的喜悦。当你有了这些变化之后，上帝要改变你那"不为"的丈夫难道不是轻而易举的事情吗？但目前主要问题常常是妻子对于丈夫的"不为"失去了爱心，而开始以怨恨的态度面对，这就导致夫妻对立情绪升级，并逐渐走向关系破裂。

我们所看到的这些情况，究其根源常常都是因为双方对婚姻是搭伴过日子的心态，而不是盟约的心态。在上帝眼中，盟约一旦缔结，就不可废弃和反悔，婚姻也是如此。只有盟约，才会使双方都不再计较自己个人的得失。而对一个基督徒来说，婚礼上的誓言是一生中最神圣的约定之一，所以要谨守一颗恒久持守盟约的心。当你持守盟约的时候，上帝的祝福就伴随着你。

我们的结论是：

婚姻不是搭伴过日子，

而是：二人一体，终生盟约。

第四个误区：
婚姻意味着幸福和谐

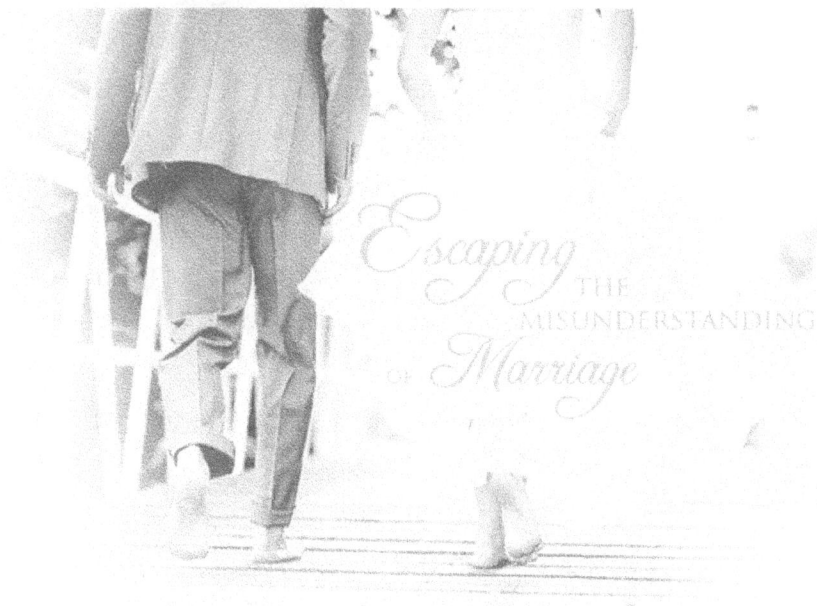

Escaping THE MISUNDERSTANDING of Marriage

这一章我们要讲到一个更有挑战性的话题——婚姻意味着幸福和谐吗？人们普遍认为婚姻一定应是幸福和谐的，这才合乎正道。当今有关婚姻的书籍、培训和讲座（包括基督徒作者、咨询师参与的），多数都是在教导人们如何去营造幸福和谐的婚姻。所以，当我把幸福和谐作为婚姻的一大误区时，许多人都大吃一惊：袁老师，有没有搞错？我们都在以营造幸福和谐的婚姻为目标，你居然说这是误区？

其实不要说别人，就连我自己几年前讲课的内容也是围绕着如何打造幸福的婚姻进行的，我和妻子自称为"幸福家庭建造者"。而后来，上帝让我们的婚姻经历了极大的试练，我才逐渐改变了以前对婚姻的认识。你千万不要误会我的意思，我这里不是说婚姻不能是幸福和谐的，而是说：幸福和谐不是基督化婚姻的最主要特质。起码你不能否认其他宗教信仰或者没有信仰的婚姻也有许多是幸福和谐的。所谓特质，一定是其他宗教信仰所不具备的，是为基督化婚姻所独有的。

基督化婚姻一定具有比幸福和谐更为美好的特质，更深刻的含义和更崇高的目标。

为了更加令人信服地说明这一点，我们必须要先了解到底什么才是幸福和谐。

什么是幸福和谐

首先请你回答：什么叫幸福？达到怎样的境界就幸福了？谁能给出一个确切的幸福概念？当你得到大家的回答之后，你会发现人们对幸福这一概念的认识是千差万别的。包括你自己对幸福的认识也会随着年龄的增长和阅历的丰富而不断演变。

尽管大家都希望建造幸福家庭，但每个参与者对这一目标的认识不尽相同，那又怎么能够达到共同的目的呢？就像我们前面讨论"脚前的灯"和"路上的光"时所说的：如果路上只有一个光，我知道哪里是我要到达的目的地；但是若路上有数不清的光在闪烁，我怎么知道哪个是我要回去的家？

一、幸福的不确定性——没有统一标准

在英语中幸福叫happyness，那么你必须要happy才能有happyness。那happy是什么意思啊？happy就是快乐。有一句流行语：快乐，快乐，就是很"快"就"乐"过去了。你人生道路上是快乐多还是烦恼多？正像德国电影《英俊少年》那首有名的主题歌所唱的：

> 小小少年，很少烦恼，眼望四周阳光照。小小少年，很少烦恼，但愿永远这样好。一年一年时间飞跑，小小少年在长高。随着岁月由小变大，他的烦恼增加了。

人生一定是烦恼多于快乐的。即使你对某件事感到多么的快乐，你会发现这个快乐并不长久。快乐的感觉是怎样的呢？就是感到欣喜，感到非常的爽。幸福是不是感到很爽啊？一定是的。那么，你什么时候感到很爽呢？就是当你的需要被满足的时候。每当你的需要被满足的时候，你就会很快乐：

你没有工作后来找到一个美差，幸福；

你没房后来买了新房，幸福；

你没有车后来买了车，幸福；

你没有媳妇后来娶了媳妇，幸福；

……

但你会发现，这快乐不论来得多么猛烈，都不会持续太久。持续不了多久就没有了，人又开始不满足，而开始为下一个新的目标奋斗，没完没了，永无尽头。

每个人的人生观、价值观都不一样，因此每个人对幸福的理解和感受也都不一样。我自己给幸福作了一个总结，即：幸福就是"自我感觉良好"。当你自我感觉良好的时候你就觉得幸福了，而你感觉不好的时候就觉得不幸福。

人们常常觉得，腰缠万贯、从不需要为生活发愁的人肯定很幸福。然而，他们的烦恼往往比平常人多得多。

有的人身无分文、浪迹天涯，人们觉得他过得很可怜，可他自己感觉这样无忧无虑，很开心。

有人觉得自己很幸福，而别人不愿意要这样的幸福。有一个家庭节目：一个很正常的男人，他的妻子只有他一半高，她要站在桌子上，才跟丈夫一样高。他们给大家讲述他们俩的幸福生活。而且当初还是丈夫追求妻子的。要知道，平日里当电视节目里那些帅哥靓妹大秀幸福的时候，现场观众表现出来的大多是羡慕眼光。而面对这对夫妻，现场观众困惑或诧异的表情分明是在说："你们可能是幸福的！但这却不是我想要的幸福。"

包括我们自己，对幸福的价值观和感觉也在变。过去你想要的幸福和现在也会不一样。

在二十几年前，我还一直认为，只有事业有成的男人才有幸福可言。而万万没有想到的是，后来我竟然完全抛弃了事业，辞职做了全职传道人。

保罗也说过："只是我先前以为与我有益的，我现在因基督都当作有损的。"（腓3:7）这就是价值观的转变。基督徒的一生就是在不断地完成基督化价值观转变的过程。

而且我发现：尤其是做婚姻辅导工作的夫妇，当你要给别人树立"幸福"的榜样时，你就开始有意无意地掩饰你们夫妻之间的矛盾冲突。我们当初就是如此，经常在去讲课的路上还因为一点小事吵得面红耳赤，但一到讲课现场，马上就挽起手来大秀"幸福"，就是因为认为自己必须"幸福"，才能教导别人如何"幸福"，否则，就没有做榜样的资本。而婚姻生活中的真相往往不是这么理想的，宣讲自己婚姻如何幸福的人常常都被"幸福"绑架了。

二、幸福的蒙蔽性——片面追求幸福感受造成的误区

现代的人们都追求婚姻中的幸福感。没结婚的人认为，我现在感觉不幸福，结婚就幸福了。然而，当你的期望值越高，你的失落感就会越大。我在很多场合讲过，过去的婚姻跟现在的婚姻是不一样的。虽然过去的人们普遍对婚姻没有很清楚的认识，也没受过什么婚姻的培训。但是有一点（也是最重要的一点），那时候的人普遍对婚姻有一个传统的观念：就是男人被教导"糟糠之妻不可弃"；女人则被教导"嫁鸡随鸡，嫁狗随狗"。这就是说：一旦进入婚姻就要生死相依。

其实五十年以前，中国人的观念还是这样的：婚姻就是一辈子的事，好赖都要过下去，离婚就会身败名裂。虽然结婚后，彼此发现也有很多麻烦、很多矛盾、很多的不满足，但因为他们对离婚想都不敢想，因为丢不起人，只能死心塌

地过日子。所以人就放弃逃跑的念头，开始学习逆来顺受或改变自己……夫妻虽是一路磕磕绊绊，但也都过来了。到了老年的时候，甚至变得分不开。

现代的婚姻，完全是自由恋爱，可以随便结交异性。男女交往的渠道很多，网上的婚姻介绍所也很多，还有"8分钟转转圈速配"什么的，各种方法都有。选择是比以前多多了，可现在婚姻的幸福指数就比以前高吗？拿某电视剧里的一句话说：现在是生活水平提高了，幸福指数却降低了。目前离婚率越来越高就是一个最好的证明。能坚持几年以上的婚姻已经不多，能白头偕老的更是少而又少。这说明什么？说明这种自由的婚配、自由的恋爱，并不能给你带来想要的幸福。

如果你不明白婚姻最重要的特质，总把幸福的感受作为追求目标的话，那么一旦你感觉不到幸福，就会认为一定是：我们中有一个人出错了，不是我错就是你错。人们一般会认为谁错了？对方错！"我是选错人了，是你整个人错了。"几年来，当妻子的重度抑郁让我经受煎熬而痛苦难耐时，以前还备感幸福的我也开始认为自己当初真的是选错人了。因为我一直是奋勇当先极力营造幸福婚姻的好丈夫啊！有几个男人能像我这么做啊？我在工作中经常接触到的妻子们都是向我哭诉她们的丈夫如何懒惰、不负责任甚至移情别恋。每当听到这样的述说，我都会对自己的妻子产生一些埋怨："好好看看别人的丈夫，再看看你丈夫，你找了我这样的丈夫多幸运啊！知足吧！"反过来，我也常常在祷告时向上帝发牢骚：如果如此努力依然不能享有幸福的婚姻？那么天理何在？（后来上帝借着摩西五经中以色列民在旷野的故事告诉我，其实我的埋怨都是向上帝发的，我在指责上帝不够公义：因为他没有为我配一个身体强壮，性格温和的妻子，反而给我一个身体软弱、性格强壮的女人。然而，上帝是全知全能、全然公义的。所以，在痛苦的时候，切记要谨守我们的心和我们的口。）

人们之所以会轻易离婚，是源于这样的理念：

"既然我们之间有那么多问题，一定是找错对象了；既然找错了就需要纠正，与错的人离婚，然后可以再寻找一个对的。反正我的婚姻一定要幸福！"

婚姻不一定是和谐的

和谐有一个必要条件，那就是必须双方共同努力才能达到。也就是说，我可以主动示好，但你也必须对我的态度有积极回应，那么就和谐了。如果对方不回应，或有不好的回应，那还会有和谐吗？

二次世界大战的时候，苏联特别想跟德国和谐（互不侵犯），英国法国也想跟德国和谐，但德国是怎么回应的？我不跟你搞和谐，就是要打你。结果是和谐还是战争？肯定是战争。可见，只"一厢情愿"是不能和谐的。

但人们认为婚姻应该总是和谐的，所以一旦出现矛盾冲突，就会认为自己的婚姻不好，就会急于去解决问题。现在很多的婚恋课程强调解决矛盾冲突和有效沟通的方法，目的都是找到"双赢"的渠道。《圣经》说："一生的果效是由心发出的。"所以解决"心"的问题才是关键：但不是"双赢"的心，而是"不求自己的益处，只求别人的益处"的心；是"我受鞭伤你得医治，我受刑罚你得平安，我受咒诅你得祝福，我流鲜血你得生命"的心，因为只有这样的心才能解决根本问题。

而"双赢"所强调的"双方"，就将一半的希望寄托在对方的手中，你盼望你的付出得到对方的积极回应，然而，事实上对方是你完全不能掌控的。

而且"双赢"的心，要求在对方收益的同时自己也要得到自己这一半的收益。"如果得不到，我也不会继续付出。"

一、和谐是相对的，婚姻中有冲突是必然的

若想拥有稳固、长久的婚姻，我们应该明白这样一个真理：婚姻是两个罪人的结合，所以婚姻中产生矛盾冲突是必然的；反之，和谐则是相对的、暂时的、有条件的。

我妻子说过一句很经典的话：结婚以前我的生活中只有一个罪人，结婚以后变成两个罪人，生了一个孩子变成三个罪人，若把老妈请来变四个罪人，再请来老爸就变五个罪人，你家多一个人就多一个罪人。罪人聚集的地方能没有矛盾冲突吗？除非每个人全都有很好的属灵生命。但世上这样的家庭有几个呢？所以说婚姻中发生矛盾冲突是非常自然的，不必大惊小怪，更不要彼此论断定罪，而是要通过效法基督的榜样，以基督的方式来面对和化解这些矛盾冲突，这是生命成熟的必然过程。即便是有了和谐，和谐也是相对的、暂时的，绝对不是永恒的。永恒的和谐要到天堂才有。

我们的人生就像一个阶梯，台阶一级又一级地往上走。上帝总会不断给我们新的挑战。矛盾冲突来了怎么办？一种态度是逃跑，一种态度是努力胜过。我们希望任何时候都平平静静，别有事、要和谐，一旦有问题就想逃跑。可上帝不

这么想，他会不断给你新的挑战，但其实当冲突、苦难来的时候，后面都背着一个祝福。遗憾的是我们总想跑开。你一躲开那祝福也就没了，所以你要勇敢地迎上去，抱住这个危机和苦难，你就能得到后面的祝福。

等上了一个台阶，我们会想："这苦可算过去了，给我长久一点的平坦路吧。"但上帝不许，因为平坦的时间越长说明你越没有长进。上帝的目的是什么？让我们一直向上走，不要停下脚步：

> 所以，我们应当离开基督道理的开端，竭力进
> 到完全的地步，不必再立根基……（来6:1上）

我们不能老在起跑线上系鞋带、作预备活动，就是不往前跑；盖楼时不能老打地基，不往上盖。所以，你不能总盼着过平坦日子，盼着幸福和谐没有风浪，那你就不会长进。你要盼着胜过眼前的考验，并准备迎接新的考验。这样你才能一级一级地往上攀登。上帝借着以色列人的历史告诉我们：他们何时幸福安逸何时就开始远离上帝；何时遇到灾难困苦何时就呼求上帝，并亲近上帝。因为只有苦难来的时候，人的祷告才最真诚、迫切。就如我们平时丰衣足食的时候，谢饭常是一种敷衍，往往变成了一种宗教仪式。

我至今还记得自己最有上帝同在的一次谢饭。那是多年前，我当时快饿晕了，拿到饭以后，跟本顾不上祷告谢饭，像饿虎扑食一般抓起食物就狼吞虎咽起来，一边吃心里一边由衷地感叹："主啊，我谢谢你！谢谢！谢谢！……"我心里不停地念叨着谢谢。上帝对我说："你谢饭祷告无数次，今天是你最真诚的，也是我最悦纳的一次！"

二、即便正在幸福和谐的婚姻里，也没有可夸耀的资本

更重要的是，即使你现在拥有一个和谐幸福的婚姻，也绝没有骄傲的资本。为什么呀？因为你充其量是在爱一个"爱你"的人，或者爱一个"可爱"的人。你俩特别幸福，说到底，要么是因为他可爱，让你心里产生一种美好的感觉；要么就是他很爱你，让你觉得很愉悦。耶稣说：

> 你们若单爱那爱你们的人，有什么赏赐呢？就
> 是税吏不也是这样行吗？（太5:46）

这就是我热火朝天地从事婚姻家庭辅导工作时，上帝曾给我的提醒。其实这段经文我不知曾读过多少遍，但都没有引起我特别的关注。最后我终于读出它的意思：当你感觉幸福美满的时候，充其量是在爱一个爱你的人或者爱一个可爱的人。你做什么对方都有回应，那么自然会激励你继续做下去。你俩互相都付出得高兴，你会真心地说感谢主！可是，你真的不知道你们的关系能否经受住严峻的考验！当对方没有了那些令你愉悦的东西的时候，你还能继续爱下去吗？

有一次，一个嘉宾对"夫妻剧场"的著名电视节目主持人说："我从来没见过夫妻二人都觉得幸福和谐的婚姻，只有在文艺作品和你的节目里才见到过。"因为在那个节目里，被邀请来的嘉宾夫妻（往往都是些当红明星）都会在镜头前大秀恩爱。那位主持人听到这话之后说："嗯，那也是秀出来的，实际生活中我也没有看到过。"

现在许多婚姻家庭节目主持人或所谓专家本身都离过数

次婚。他们自己的婚姻都如此失败，怎么可能给你如何幸福和谐的有效建议呢？如果能的话，他为什么不给自己营造出一个好的婚姻呢？

我跟我妻子性格差异特别明显，产生矛盾冲突是常有的事。争吵，不见得是不爱。有的夫妻表面很和睦，说离就离了；有的夫妻争吵了一辈子，但都从未想过要分开。怕就怕两人从来不打，突然有一天就分手了。

如果有人告诉你："我们夫妻俩一辈子从来没红过脸。"这样的婚姻没有什么可羡慕的。即便如此，那也是性情相配的巧合，而与二人的品格没有多大关系，因此也没有任何效仿的意义。我总认为"举案齐眉、相敬如宾"的婚姻是不真实的。为什么呢？什么叫相敬如宾？就是彼此像客人一样。你想，你家天天住着一个"客人"，你难不难受啊？

我在外面是老师，做事、讲话当然要有"老师"的方式，对周围的人都"相敬如宾"是合宜的。要是回到家里也按这个方式活就累死了。人一定要回到自己的"原形"才能得到真正的放松休息。原形是什么？就是毫无隐藏的、你最真实的样子。每个人的原形一般人都看不到，只有最亲近的人才可能看得到。我幼儿时候的原形，包括我父母在内的许多人都看过，但长大成人之后就只有我妻子才看得到了。在外，我们任何人的言行都会有自我包装的成份。无论如何都要显出最好的一面给外人看：

我就是再累，如果有人来访，也会强打起精神应付；

和妻子赌气摔门出来，在楼道里遇到邻居，马上就可以微笑地打招呼；

甚至在自己的父母前也可以伪装。母亲在世的时候，看到我心事重重，就会问我："有什么事不开心？跟妈说说。"我都会故作笑脸回答："妈，没事。"

即便在儿子面前，我们也可以伪装。夫妻正争吵得不可开交，儿子放学回家一敲门，我妻子说："别吵了，儿子回来了。"我们俩马上休战。

但是这个世界上，我只在"一个人"的面前从里到外都赤裸裸的，没有任何伪装，那个人就是我妻子。人必须要有这样一个可以"原形毕露"并且依然被接纳的关系，才能真正"心安理得"。这就是所谓："二人成为一体"及"赤身露体并不羞耻"的含义。没有比这更亲密、更真实、更透明、更重要的关系了。

三、婚姻一共只有四种状况

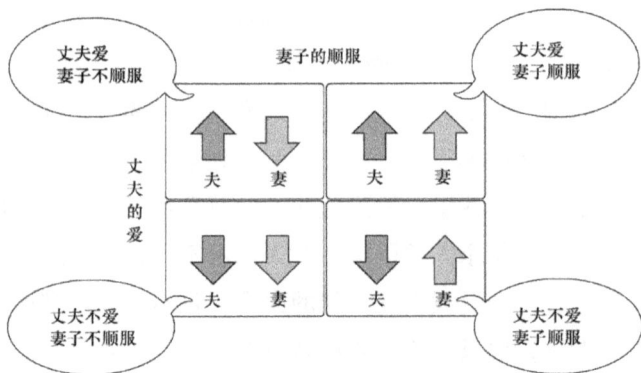

图7　现实中常见的四种婚姻状况

在这幅图中，我为什么用"爱和顺服"，而不是都用"爱"？是因为上帝让丈夫爱妻子，丈夫对妻子的爱就是你关心她、爱护她、保护她，为她舍己，甚至把她放在比自己还重要的位置上；而妻子对丈夫的爱是以对丈夫的顺服来表达的。

关于"爱与顺服",婚姻中一共只有四种情况：

1）丈夫不爱，妻子也不顺服。

丈夫不爱妻子，妻子也不顺服（俩人箭头都冲下）。这种婚姻好得了吗？一定好不了，经常打得很厉害。

2）丈夫爱，但妻子不顺服。

这种情况是丈夫很爱妻子，而妻子不顺服。妻子没有把丈夫放在眼里。这种情况会和谐吗？不会和谐的。

3）丈夫不爱，但妻子很顺服。

这种情况是丈夫不爱妻子，心思没在家里，喜欢在外边花天酒地；而妻子非常顺服丈夫，真心愿意经营和谐的婚姻。结果能和谐吗？也不能和谐。

4）丈夫爱，妻子也顺服——幸福和谐型。

丈夫爱妻子，妻子又顺服。大家认为这就是基督化的家庭吗？不是！为什么？因为不信主的家庭也可能出现这种幸福和谐型家庭。我们讲基督化的婚姻一定是基督徒家庭所特有的，它的价值在于它是独一无二的。

四、哪些婚姻可能幸福和谐

我们一起来看看哪些婚姻可能幸福和谐：

1、夫妻俩正在蜜月期

这绝对是丈夫也爱、妻子也爱，爱得如胶似漆的时期。新婚的夫妇基本上都这样，对不对？蜜月期的确是幸福无比啊。你看他们照婚纱照的时候多甜蜜。我到公园里散步，经常看到年轻男女抱在一起难舍难分，好得如同一人。他们还不知道结婚是怎么回事呢！进入婚姻一段时间后再一看，做饭、扫地、抱孩子，还得伺候年老的婆婆，没准还有一个呆傻的弟弟……马上就美不起来了。

2、虚伪的利益互补

媒体上婚姻家庭方面的栏目我一般都会认真看。

曾经看到这样一个案例：一个退休老干部，他的妻子过世了，儿女们都忙于自己的工作，没时间照顾父亲，就"合资"为父亲找了一个小保姆，代为照顾年老的父亲。结果不久小保姆与老父亲有了同居关系。儿女们其实早就知道，但也只是睁一只眼闭一只眼。但后来情况发生变化了，父亲决定要和小保姆结婚。这个小保姆比他的儿女还年轻。这对老夫少妻的结合真可谓"一石激起千层浪"。儿女们都坚决反对：同居就同居吧，为什么一定要结婚呢，这是别有用心！所以儿女们把父亲和这个小保姆闹到家庭生活节目上"对簿公堂"来了，请婚姻家庭专家来评个理。他们跟父亲说："你俩要干什么？这个女孩明显是别有用心。"他们的判定是，那女孩不可能看上他们的爸爸。"五六十岁的都没看上我爸爸，怎么你二三十岁的倒看上我爸爸了？所以你俩不可能是爱情。"可这女孩说什么呢？"我们俩就是爱情，我从小就喜欢老人，我就是爱他，我俩现在觉得幸福无比，不是爱情我们怎么会觉得幸福呢？不信问你父亲他现在幸不幸福？"这老头子也说自己很幸福。他说："你妈在的时候我有病时她都没这样照顾过我，我老了，你们全都不管我。这个女孩对我好，给我熬药、捶背，又给我做饭。我不管她什么目的，她这么照顾我，我就要跟她结婚。我们俩现在好极了，我这一辈子活到现在，才活出点滋味来。"

看看这两人幸福不幸福？幸福。和谐不和谐？极其和谐。是合上帝心意的基督化婚姻吗？肯定不是。我也不是说他俩不能结婚，但大家都清楚他们是因为利益互补而走到一起的。女的怎么想？反正你六七十岁了，我伺候你几年，把你送走了，剩下的全是我的。老头怎么想啊？我一大把年纪了，不知道还有多少年活头，我干吗不过几年舒心的日子？各取所需而已。儿女和父亲之间，如果没有这个小保姆的介入，也可以幸福和谐下去。但是一涉及自身利益的时候，那个表面的和谐就撑不住了。

也有的人是为了寻求安全感，而"幸福和谐"着。他们的想法是：就算我受点苦，受点委屈，但只要能保障我有吃有喝有房住，凑合着，等儿女长大以后，我就靠我儿女了。

3、迫于外在的压力而竭力维持或作秀

一些有名、有地位的人，知道有太多的人关注自己，所以无论在家里怎么不和，在外面也得大秀恩爱做给人看。那做妻子的也在想：在外面我给足了你面子，这样我能平平稳稳地当"某某夫人"。你维持了你的名望，我得到了我的利益，咱俩互利互惠。

包括在上帝的教会中，有的传道人夫妻恩爱也是秀出来的。我见过这样的传道人不在少数。有一对夫妇，已经十多年没有同过床，在家里形同陌路，俩人还都在教会里并行不悖地做带领人。但这样的服侍上帝会喜欢吗？

4、天生情投意合

俩人天生的性情就是合适在一起。比如丈夫就是一个特强势的人，而妻子恰恰是一个柔弱小女子，就想找一个强势的，能罩住自己的男人，自己愿意什么都顺着他。于是，两人相亲相爱，小日子过得和和睦睦。请问这样的夫妻搭配是我们学习的榜样吗？

又比如反之，妻子是女强人，事事掌控；丈夫是个软塌塌的"妻管严"，乐得什么都听妻子的，清闲做个甩手掌柜。两个人各得其所，也是平平和和相安无事。这种幸福是我们的目标吗？

前几年"大上海小男人"为什么成为全国的热门话题呢？很多上海女白领挣钱比丈夫多，她们的男人看到自己的工资还不够雇一个保姆的。于是夫妻一商量，索性丈夫辞职或内退下岗，回家系着围裙当起了"家庭主夫"，在家里负责买菜、做饭、看孩子……他们看来似乎也非常幸福和谐。但是这样的"和谐"却有隐患，我在前面几章也讲了，这里的问题不在于丈夫做家务（我们也鼓励丈夫在家里多做家务），但是丈夫不能因此放弃做家庭CEO的责任。而目前这样的家庭常常都是以类似"股权制"的方式来达到和谐的，即：谁对家庭的贡献大谁就有发言权，而这所谓的"贡献"就是以金钱来衡量的。这样的"和谐"是上帝不喜悦的，因为这是在否定上帝为婚姻所设立的次序，带来的是一系列负面影响。这样的婚姻，不仅对夫妻二人的性格发展带来消极影响，而且这样的家庭中长大的儿女，在性别发展取向上也会产生困扰：我作为一个男人（或者女人）应该效仿爸爸还是妈妈？更有甚者，当儿女面临自己婚姻的时候也会很纠结，儿子不知道该找一个像妈妈这样的还是完全不一样的，找个像妈妈这样的又担心驾驭不了；女儿不知道是找一个像爸爸这样的还是完全不一样的，找个像爸爸这样的又太窝囊了！干脆一个人过算了！更有甚者，性格发展异性化，甚或产生了同性恋的倾向。

可见，情投意合绝不是基督化婚姻的特质，也不是婚姻健康稳定的根基。当婚姻中男女彼此的需要得到满足的时候，双方就会幸福和谐。关键问题在于，如果没有盟约的约束和委身的心态，一旦有更大的诱惑和压力来临，双方或其中一方就会轻易放弃，和谐就会消失。《士师记》第17章米迦的故事就是如此。

米迦的家庭是一种极其宗教形式化的家庭。当时以色列人已经很败坏不再寻求上帝，他看起来好像还很敬虔，因他很看重神像。而米迦的妈妈是一个"顺者昌逆者亡"的角色，丢钱了，她就开始咒诅，而找回钱就给祝福。米迦因为害怕咒诅赶紧把钱还了，他妈妈就很高兴，拿出一部分给儿子做神像。米迦修建了神堂，置办了神像和以弗得。他以为有了这些东西就是爱上帝了。米迦还有一样不满足，就是家里没祭司。于是，他选了最好的一个儿子暂且来做祭司。但他的心里有一个缺憾，一个极其迫切的需要，就是要找到一个利未人作正牌的祭司。其实当时利未人中只有亚伦的后代可以有资格做祭司。但是哪里去找亚伦的后代？所以有个利未人就可以了。跟我们找对象似的，什么都有了，就缺一个对象。缺一个什么样的对象呢？我心中早已有一个理想的样式。米迦祷告："上帝啊！你要真爱我的话，你就赐给我一个利未人来做我的祭司。"米迦真是想啥就来啥。这时候就真来了一个利未人，并且是从犹大的领地伯利恒来的。

> 米迦问他说："你从哪里来？"他回答说："从犹大伯利恒来。我是利未人，要找一个可住的地方。"米迦说："你可以住在我这里，我以你为父、为祭司。我每年给你十舍客勒银子，一套衣服和度日的食物。"利未人就进了他的家。利未人情愿与那人同住，那人看这少年人如自己的儿子一样。米迦分派这少年的利未人作祭司，他就住在米迦的家里。米迦说："现在我知道耶和华必赐福与我，因我有一个利未人作祭司。"（士17:9-13）

犹大是十二个支派里上帝最看重的一支，主耶稣就是从这一族而出。但就是这个犹大支派中的以服侍上帝为业的利未人，竟然在伯利恒混不下去了，没饭吃了。这说明什么？说明整个民族的信仰败落了，祭司连吃饭都成问题了，因祭司是靠吃人们献的祭而生存的。这个祭司跑出来的真正目的，不是要找一个服侍上帝的地方，而是要找一个能够靠"服侍上帝"来混饭吃的地方。他恰巧就来到了米迦的地盘。他们两人一个要找利未人，一个要找吃饭的地方，一见面就情投意合，迸出火花。

有些人结婚的对象也是这么找的：她需要一个有才的郎君，他需要一个有貌的女子，他俩一见面，郎才女貌："哈利路亚！主啊你太爱我了，我真找到所爱的人了。"于是，俩人就觉得幸福美满。如果从此没有任何挑战，这俩人一定会白头偕老。可生活并不是童话故事，冲突挑战是不可避免的。就像米迦和那个利未人，相亲相爱、情同父子。偏巧这时候但人来了，使得他们原本幸福和谐的生活也戏剧般地结束了。

> 他们回答说："不要作声，用手捂口，跟我们去吧！我们必以你为父、为祭司。你作一家的祭司好呢？还是作以色列一族一支派的祭司好呢？"祭司心里喜悦，便拿着以弗得和家中的神像，并雕刻的像，进入他们中间。他们就转身离开那里，妻子、儿女、牲畜、财物，都在前头。离米迦的住宅已远，米迦的近邻都聚集来，追赶但人。呼叫但人。但人回头问米迦说："你聚集这许多人来作什么呢？"米迦说："你们将我所作的神像和祭司都带了去，我还有所剩的吗？怎么还问我说，作什么呢？"但人对米迦说："你不要使我们听见你的声音，恐怕有性暴的人攻击你，以致你和你的全家尽都丧命。"但人还是走他们的路。米迦见他们的势力比自己强盛，就转身回家去了。（士18:19-26）

当初上帝是给了但人应许之地的，但他们因为害怕平原上的民族更文明更发达，他们不敢从山上下来夺取上帝给他们的应许之地。多年之后，他们又打着找应许之地的旗号，看谁的地好就抢谁的。但人来到了米迦的地盘，一看米迦家业殷实，家里有神像、神堂、以弗得，还有一个祭司。所以就想偷走这些他们认为可以带来福气的好东西。正当他们要跑的时候，利未人"勇敢"地出来挡道！他要捍卫他的"婚姻"啊！是不是？这是他赖以为生的东西，被抢跑了他以后怎么办？但人很诡诈，对他说："你是给一家当祭司好，还是给一个族当祭司好啊？"那个利未人一想，说得在理啊，人往高处走嘛。于是，他马上来个180度大转弯，自己抱起神像和以弗得，跟着但人跑了。我们在职场上、情场上经常会看到这样的人，外界利益诱惑不够大的时候，很忠心耿耿，但随着诱惑的筹码不断提高，"忠心"也开始动摇起来。

米迦与利未人不同，他一看但人把上帝给他的"祝福"都拿走了，便拿着刀，带着老百姓，准备誓死捍卫自己的产业。但人说了：我们这里可有比你脾气暴的，你要是说话声太大了，他把你和全家都杀了。米迦一看他们势力太大了，难以取胜，也只得是"好汉不吃眼前亏"。故事讲到这儿，你们明白我所要表达的意思了吧？条件的互补会带来幸福美满，如果没有更大的诱惑和更大的压力出现，你们或许会继续幸福下去，但是一旦考验来临就将摧枯拉朽般地垮掉。

五、婚姻需要"脚前的灯"，更需要"路上的光"

我为什么一再强调不要片面地把"追求幸福"当做婚姻建造的目标呢？是怕不明真理的夫妻只盯着脚前的灯，而看不见路上的光——正确的方向。

我们前面讲过：人神关系是第一关系，婚姻是第二关系。当我们将目标定在幸福和谐上时，实际上是将目光盯在第二关系上，但婚姻关系中的所有问题，其根源都在于第一关系不好。《圣经》中"罪"的含义是"未中靶心"。即偏离了上帝的心意。可能开始只是1度的偏离，但是却会越走越远。那些不讲生命，只讲靠表达、沟通、浪漫等方法来解决你婚姻问题的教导，可能给你一个表面幸福和谐的婚姻关系，但却可能把你引向一个远离上帝的方向。

十年前我跟妻子被邀请去某地，给一个世界五百强企业的员工们做婚姻家庭教育讲座。我被允许引用《圣经》中的道理，但不能提基督和十字架。我只讲了半天就口干舌燥、筋疲力尽。在回来的路上我就跟上帝祷告说："上帝啊，我以前连讲三整天都没这样累，怎么给他们讲半天就累成这个样子？"上帝就问我："你在干什么？"我说："我在挽救他们。"上帝说："你不提我的名能救他们吗？"我说："虽然不能救他们，但起码可以改善他们的生活质量，让他们生活得幸福一些。"上帝就跟我说："你让他们幸福和谐却不认识我，这不是让他们兴高采烈地走向地狱吗？"上帝给我的这个启示改变了我工作的方向，也让我至今受用不尽。我决定，从此以后无论给什么人讲，前提是必须讲基督、十字架和《圣经》。正如保罗所说：

> 弟兄们，从前我到你们那里去，并没有用高言大智对你们宣传上帝的奥秘。因为我曾定了主意，在你们中间不知道别的，只知道耶稣基督并他钉十字架。（林前2:1-2）

如果我们讲太多世界的智慧，却不强调基督的生命，而且你想证明这些智慧是有效的，那么人们还要基督做什么？"十字架"岂不落了空？

上帝要我们追求的不是幸福的感受，乃是盼望中的喜乐

　　这就是为什么一切的教导都必须要回归《圣经》。认真读《圣经》就会发现，《圣经》中根本就没有"幸福"这个概念。因为这个世界上，本来就找不到真正的、永恒的幸福。即便有了幸福也是暂时的，难以长久的。就像米迦跟利未人似的，还没遇到挑战的时候什么都好。我跟我妻子也过了好久幸福美满的日子，这期间我们兴高采烈地做"幸福婚姻"辅导工作，有一定的成果，也自以为有资格教导别人，但那时我们的婚姻还没有遇到真正的挑战，也没有为挑战做好足够的精神准备。后来一遇到挑战，就变得惊慌失措了。如果你目前婚姻很幸福，不要自鸣得意，而要为未来的挑战做好充分的精神准备。因为没有经过真正挑战的婚姻，不见得是好的婚姻。就好比没有经过严格考试的学生不见得是好学生一样。

　　上帝没有让我们去追求幸福的感受，却命令我们要常常喜乐。

　　　要常常喜乐，不住地祷告，凡事谢恩，因为这是上帝在基督耶稣里向你们所定的旨意。（帖前5:16-18）

　　如果这个世界上有真正的幸福和谐的话，上帝就会要我们去爱这个世界。然而耶稣告诉我们什么？

　　　耶稣回答说："凡喝这水的，还要再渴；人若

喝我所赐的水，就永远不渴。我所赐的水要在他里
头成为泉源，直涌到永生。"（约4:13-14）

耶稣告诉我们：这个世界不能全然满足我们的需要。
即使满足一时，也很快就会产生新的需要，又要寻求新的满
足。既然我们的需要不能完全满足，当然就不会有真正的幸
福，因为幸福感是因需求得到满足而来的。身为基督徒，你
一定要认识到，我们的盼望不在这个世界，若你对这个世界
还存在一丝一毫的盼望，你就不会全力以赴地去追求基督。

人若爱世界，爱父的心就不在他里面了。因为
凡世界上的事，就像肉体的情欲，眼目的情欲，并
今生的骄傲……都要过去，惟独遵行上帝旨意的，
是永远常存。（约壹2:15-17）

14年前，我们夫妇去了加拿大的维多利亚岛参加婚姻家
庭国际讲员培训班。那个岛太美了。蓝天白云、鸟语花香，
人们就是生活在花园里。当你站在草地上时，那里的小松鼠
就来你腿上趴着，真是天人合一啊！我的导师看到我如醉如
痴的样子，就问我："这儿好不好？"我说："太好了！"
他说："好，你就尽情享受。但到该走的时候就转过脸
去，大踏步地走，不要回头。"这句话给我的印象太深
了。我想，当初罗得的妻子就是因为回头留恋所多玛而变成
盐柱的。

当下上帝赐给你什么，你就好好享受什么，但当该放下
的时候，说走就走，绝不要回头。因为你最终的享受不在这
里。眼目的情欲、肉体的情欲感觉好极了，你一贪恋这些，
就不想走了，再一回头，就走不动了。男人们注意了，在外面

看到花枝招展的女人，会悦你的眼目，但要记住，无意中看了一眼了，就不要再回头了。因为第二眼就说明你被诱惑了。"回头率"高的女人都是最危险的女人。无论对我们男人还是她自己本身而言都是危险的。男人们都会受到这种挑战，一定要警醒并胜过。主祷文中说"不叫我们遇见试探"，你看出哪里有试探，你就赶快躲开，这样你就能站稳。

人的本性都不愿意受苦，于是人们特别喜欢这样的教导，诸如：上帝爱你，会给你好的工作、好的收入、幸福美满的婚姻……有个弟兄曾跟我说："你要是又没钱又没房，谁愿意把你作为榜样啊？谁认为上帝祝福你？"我们人的本性都想成为人的榜样，让别人效仿我们。可问题在于，在上帝的国度里，基督才是效仿的榜样，那些竭力效法基督的仆人往往不是世人眼中的"美好"榜样。你们有没有注意到，那些在社会上功成名就的传道人来讲道的时候，基督徒们总是趋之若鹜。再看主基督的门徒，有哪个门徒是社会上的"成功人士"？一个都没有！所以这种误导非常害人。

连我们的主基督本身都不是这样的"成功人士"：

> 他被藐视，被人厌弃，多受痛苦，常经忧患。
> 他被藐视，好像被人掩面不看的一样，我们也不尊
> 重他。（赛53:3）

他是谁？他本是万王之王啊，然而他却以这样的方式来到世间：连那些最没地位的人都敢藐视他。以色列人心目中的王一直是骑着高头骏马，仆人鞍前马后的，给王开道的应该也是一个被人前呼后拥的角色。可事实如何呢？主耶稣是骑着一匹驴驹子平平常常进入了圣城；给主开道的施洗约翰

也是这番模样：吃蝗虫野蜜，穿平民衣裳。就这样的一个开道者，就这样的一个王，如果我们也用世俗眼光衡量，那有谁会相信他们呢？

耶稣在临上十字架之前，苦口婆心地告诉彼得什么？

> 主又说："西门，西门！撒旦想要得着你们，好筛你们像筛麦子一样。但我已经为你祈求，叫你不至失了信心，你回头以后，要坚固你的弟兄。"
>
> （路22:31-32）

耶稣告诉他：我升天之后，你将面对极其严重的挑战，撒旦会给你许多的苦难和打击，意在摧毁你们。主是全能的上帝，也是爱我们的上帝。他没有应许让这些苦难离开彼得，而祷告叫他在苦难面前不失去信心，并要他用自己的经历去坚固其他的弟兄。后来，彼得在苦难中的信心真的大大激励了众多的弟兄姊妹。耶稣也是亲自经历了一切苦痛，最后被钉死在十字架上。他胜过了死亡又复活了，回过来对跟从他的人说：跟从我，你们全都有复活的生命。阿们！如果主耶稣没有经历死而复活，他说"你们跟着我都要复活"，谁会相信他？

所以我们不应该指望没有考验，而应该向上帝求面对考验的信心。遗憾的是，我们往往选择了逃避考验，那么，也就错过了这个化妆的祝福。所以你要刚强壮胆，当你胜过考验之后，你所获得的经验会大大地鼓励、帮助那些有同样软弱的人，带给他们盼望。

以前，我的婚姻课程也常常是讲怎么沟通、怎么表达爱、如何浪漫之类的内容。但后来我再也不讲这些了。因为我发现，其实没有人不会沟通不会浪漫，只是要看跟谁沟通、与谁浪漫。当我追求我妻子的时候，正在上大学。她若约我晚上去公园约会，我就会从早上开始准备，不但照很多回镜子，还要逃课去图书馆阅读很多笑话集、幽默故事集、相声集。干什么？我将里面最经典的笑话都默记在心。晚上到公园约会时，我假装不经意地说出几句话，她就乐不可支。不一会就到了深夜，公园要闭园的时候，你撵都撵不走她。她感觉和我在一起太有意思了！从来没有任何人教过我什么沟通技巧，可我那个时候可会沟通了。要不然怎么会把她"拿下"呢？但是结婚多年之后，有一次她问我："你怎么不像以前那么幽默了？"我心说："我已经把你'拿下'了，还有什么可幽默的？"你看，根本不是沟通方法的问题，而是里面的爱心冷淡了。现在冷战中的婚姻，又有哪一个不是和自己的配偶从热火朝天到无话可说？可是，如果又遇到合自己心意的人，他们的沟通技巧马上就全面恢复。所以，《圣经》说"一生的果效是由心发出的"，不是技巧发出的。

一、上帝给我们苦难是为了增强我们的信心

> 耶稣对百夫长说："你回去吧！照着你的信
> 心，给你成全了。"（太8:13）

耶稣告诉你：你有多大的信心，我就给你多大的祝福。上帝一直愿意给我们祝福，只是我们的信心不够，承受不起。上帝为了给你祝福，或者说为了让你能够承载上帝的祝福，一定要不断提升你的信心。每一次信心的提升一定是一个新的挑战。上帝不愿意我们总停留在以往的经验中，他知

道我们愿意凭经验而不是凭信心生活。

就如学生，你老上1+1=2的课怎么行？每年必须要学新的内容，学完加减法，学乘除法，以后你要学到三角、函数、微积分。你若学了十年还停留在1+1=2的水平，就很不正常。这些年我在教会里看到一个可悲的现象，就是有些基督徒一谈见证就讲十年、八年前的经历，到哪都只会讲这个。原因是他自从信主后没有什么新的见证了，他不愿意去经历新的考验以活出新的见证，觉得太难。我们都喜欢安逸，不喜欢面对挑战，但上帝定意要磨炼你。

我们要不断有新的见证，要每日与上帝同行才会不断有新的经历，否则你就老活在过去的经验之中。

二、信心和经验有何不同

摩西有两次使磐石出水，但这两次上帝给的指令是不同的。第一次上帝是这么对摩西说的：

> 耶和华对摩西说："你手里拿着你先前击打河水的杖，带领以色列的几个长老，从百姓面前走过去。我必在何烈的磐石那里站在你面前，你要击打磐石，从磐石里必有水流出来，使百姓可以喝。"摩西就在以色列的长老眼前这样行了。（出17:5-6）

这一次，上帝让摩西只带领以色列的几个长老去观看磐石出水的过程，但没有让百姓都来观看，因为那样挑战太大，超出摩西的信心所能承受的压力。所以，上帝让他们在击打前，先从百姓面前走过去，只要引起他们的注意就可以了。那么百姓只知道领袖们有重要事情要做，但是却都没有亲眼目睹摩西举杖击打。而且上帝答应亲自站在摩西的面前，看着他用杖击打磐石，所以摩西信心的挑战比较第二次要小得多。在这种情况下，摩西成功地实施了第一次磐石出水的神迹。但是，第二次上帝对摩西说：

> 你拿着杖去，和你的哥哥亚伦招聚会众，在他们眼前吩咐磐石发出水来，水就从磐石流出给会众和他们的牲畜喝。（民20:8）

因为有了第一次的击打，若第二次还是"击打"，就不是运用信心，而是运用经验了。所以，这次上帝就不让他再用杖击打了，而是让亚伦先将会众都召聚来，在全体以色列民的众目睽睽之下，"吩咐"磐石出水。而且这次上帝也没有应许自己会站在摩西的面前给他壮胆。摩西事事顺服，只是到了最后一步，他的信心软弱了，依然像上次那样用杖击打了磐石。因为经验告诉他这样做是有把握的。你知道上帝给了他什么样的惩罚？——不让他进迦南地。

所以上帝要我们必须成长，不能总凭经验而不凭信心。你也许曾经有过很多好的见证，但你不要总停留在过去的见证上，你要每日去经历上帝，去经历新的挑战，信心才能不断增长，也只有信心增长才能得到更多的赐福。

即便你的婚姻目前幸福美满，你也要知道这只是暂时的情况，不是一成不变的。

我为什么一再地强调"暂时性"呢？因为上帝一定会持续加重你的挑战，提升你的信心，他要锻造你，期盼你能够成为他合用的器皿。上帝从来没有应许我们一生平安、没有敌人、没有困难、不遭逼迫、不被打倒，而是要把你带到一个拖不垮、拧不弯、折不断、打不死的境地。正如使徒保罗：

> 我们四面受敌，却不被困住；心里作难，却不
> 至失望；遭逼迫，却不被丢弃；打倒了，却不至死
> 亡。身上常带着耶稣的死，使耶稣的生也显明在我
> 们身上。（林后4:8—10）

你若靠着上帝以喜乐的心去面对一切，你就真的会喜乐。加尔文在《基督徒的生活》一书中对"世上的幸福"有极为精辟的总结：

> 不管我们遭受何种患难，我们必须明白这样的
> 目的：借此训练自己轻看今世，并因此被驱使默想
> 永世。因为上帝既然最知道我们生来何等喜爱世界，
> 他就用最恰当的方式阻拦我们，并借此除掉我们的懒
> 惰，免得我们过于贪爱这世界。我们每一个信徒都盼
> 望一生仰望和寻求天上的永生。我们若禽兽不如是极
> 为可耻的，但如若我们没有死后永生的盼望，那么我
> 们的光景与禽兽没有两样。然而，你若检视人的计
> 划、努力和一切行为，你会发现都是属世的。我们的
> 心被世间的名利和权力所迷惑而盲目到看不见别的，
> 这就证明我们的愚昧。我们也因充满贪心、野心和淫
> 欲，无法感受到世俗之外的事。
>
> 总之，人的整个灵魂因受肉体诱惑的吸引，
> 完全在世上寻求快乐。为了抵挡这邪恶，上帝不断
> 地证明世界的悲惨，好教导信徒今世的虚空。为了
> 免得他在心里期望在世上获得永久满足他们的平

安，上帝使他们常常遭遇战争、纷争、抢劫或其他灾难。他们迫不及待地追求转眼即逝的钱财，或者依靠自己的财富，上帝为了约束他们，就使他们被放逐、遭饥荒、火灾，或以其他方式使他们落在贫困中，或至少阻拦他们发财。为了避免他们过度地享受婚姻所带来的幸福，上帝就以堕落的妻子、悖逆的儿女或丧亲的痛苦试炼他们。然而，即便上帝在这一切事上比较慷慨地对待他们，但为了避免他们因骄傲或自信而自高自大，上帝就借疾病和灾难使他们确知物质有多靠不住，转眼成空。

惟有当我们发现今世在各方面充满患难、困苦，以及许多令我们不快乐的事，没有任何方面是幸福的，今世所带来的幸福是不可靠、转眼即逝、虚空的，同时带给我们各式各样的害处，我们才从十字架的苦炼中真正受益。由此可见，我们在今世只能期待争战，也应当提醒自己：我们的冠冕在天上。总之，我们要深信：除非人在心里开始轻看今世，否则他绝不会认真地寻求和默想永世。

许多婚姻课程的讲员都喜欢问听课的夫妇们一个敏感的问题：“如果有来世的话，你们在座的各位，谁下辈子还愿意选择你旁边的这个人做你配偶？请举手。”然后讲员往往会信誓旦旦地说：“若果真有来世，我一定还会选我的老婆（或老公）。”其实，这个问题大可不必提出来，因为真的没有意义。即使你现在发自肺腑地表白，以后当你面对更大的挫折和压力的时候，你的想法也会动摇的。

我也曾经在讲演中说过一些豪言壮语，但后来祷告时，上帝告诉我：在没有压力的情况下，你说出的话是一回事；而在巨大的压力之下说出的话则是另外一回事。后来我才明白这话的意思。当我的妻子没有给我压力、甚至讨我喜悦的时候，我不止一次发自内心地说："若有来生我一定还娶你！"可当她把我气疯了的时候，我跟上帝说："主啊，我那话你听听就算了吧。如果可以重来一次，就是打光棍也不能要这样的女人了！"所以我们的心思意念常常是随着环境的变化而变化的，谁也不能在上帝面前夸口。

目前这个世界上给我最多约束，常常最让我不开心的人是谁啊？说真的，就是我妻子。道理很简单，别的人无论有什么毛病，跟我的生活都没有太直接的关系。如果他让我不爽，惹不起还躲不起吗？而老婆的风吹草动都直接牵着我的心啊。因为这世界上只有我们俩是一体的关系。结婚后对你人身自由限制最多的毫无疑问就是你的配偶了。但是你不要忘记了：给你带来最大祝福的同样也是你的配偶。

我做婚姻方面的工作十多年了，我喜欢做这个工作，因上帝给了我这个托付。可我妻子身体一软弱，我哪里都不能去，很多教会来邀请我，我都只好说"对不起"。可是，哪个传道人不愿意出去讲道呢？我经常问我的听众："你们说，我是在外面讲道爽，还是在家里买菜做饭伺候病人爽呢？"会众毫不犹豫地回答："讲道爽！"当然了，讲道既造就别人又释放自己。讲完之后，大家围拢过来，你受到很多的尊重和赞美。虽然身体很累，但是心里也很爽。在家里做家务就不同了，每天做饭、刷碗、打扫房间、换洗衣物，要不就拿着菜篮子去市场采购。然后就守着从早到晚躺在床上，却不和你说一句话的老婆。一个五尺高的大男人，憋足了劲连续做几天、几周、甚至几个月也许还可以，但如果成年累月一天到晚在这些琐事上忙个不停，就快疯掉了。尤其是当各地那么多的邀请在急切而热情地等待你，你觉得自己很有用，却有劲使不上，还成天在这里：

"你今天想吃点什么？"

"给你热水烫烫脚吧？"

"劳驾，这菜多少钱一斤？"

"您昨天卖给我的萝卜外面好看，里面是空心的。"

我不住地问上帝："我这是在干什么？你不是呼召我做家庭婚姻的服侍吗？周围这么大的需要，你怎么让我成天做这些没有价值的事情？"

上帝回答说："我现在不正是让你在服侍婚姻家庭吗？而且是你自己的婚姻家庭，也是最重要、最基本的婚姻家庭服侍。如果你连自己的婚姻家庭都不能服侍好，那么你又能服侍谁的婚姻和家庭呢。你若不喜欢服侍自己的家庭，却热衷于服侍别人的家庭。那么你就不是服侍别人乃是服侍自己，不过是想显示你个人的价值。"

上帝又对我说："一个人做自己愿意做的事情有什么难的呢？教会里太多的工人都不愿意做自己家里的服侍，而热衷于外面的服侍。人若不知道管理自己的家，焉能照管上帝的教会呢？家里的服侍在人看来是小事，让你感到很不爽，既没有兴趣，又没有人看见，更没有人赞赏。但没有人看的时候就是我在看，在我看来，家里的琐碎小事正是打造你忠心品格的大事。因为：

> 人在最小的事上忠心，在大事上也忠心；在最小的事上不义，在大事上也不义。（路16:10）

感谢主让我通过痛苦的经历，学到这么重要的功课！

婚姻不意味着要幸福，
婚姻意味着无条件委身

什么是委身？《圣经》借着路得的口，将"委身"做了精辟的诠释：

> 路得说："不要催我回去不跟随你。你往哪里去，我也往那里去；你在哪里住宿，我也在那里住宿；你的国就是我的国，你的神就是我的神。你在哪里死，我也在那里死，也葬在那里。除非死能使你我相离，不然，愿耶和华重重地降罚与我。"
> （得1:16-17）

委身就是完全接纳、无条件付出、自我牺牲、只给恩典、不求回报的行为。我们知道，只要给人们两个以上的机会，人们就会不断比较而不会委身。过去的婚姻稳固，是基于环境所迫，除此之外，别无选择，人们只好被迫委身。旧式的婚姻生活哪一桩不是伤痕累累、被逼无奈，但一辈子也这么走过来了。

现代世人的婚姻是怎样的呢？人们都有主动权了，有很多路可选择，你可以一婚再婚，你可以婚外恋，不离婚也可以有其他选择，甚至你不选择都会有人主动来找你。在新约时代，上帝不是强迫我们委身，而是让我们明白他的心意，自己主动选择对婚姻的委身。所以这就必须借助圣灵的工作。

要知道，我们并不是被逼无奈才要选择委身的道路，主动选择委身是我们的最佳选择，是上帝给婚姻的最大赐福。感谢上帝！他借着我妻子重病这个苦难，让我学会了委身的功课，得到了更宝贵的东西，价值观全然改变了。否则，直到今天我还只会给别人讲怎么沟通、怎么浪漫、怎么做情感投资。

> 我们既有这许多的见证人，如同云彩围着我们，就当放下各样的重担，脱去容易缠累我们的罪，存心忍耐，奔那摆在我们前头的路程，仰望为我们信心创始成终的耶稣。他因那摆在前面的喜乐，就轻看羞辱，忍受了十字架的苦难，便坐在上帝宝座的右边。（来12:1-2）

我们一生中会遇到无数的选择，去或者是不去，要或者不要，走或者不走，离还是不离……我们一生都要面临这样的选择。这经文就是告诉我们要看到摆在前面的喜乐，因为耶稣也是看到摆在前面的喜乐，他才能上十字架。这痛苦跟将来的荣耀喜乐比起来算什么呢？这不就是给你的选择吗？这不就是基于上帝的价值观吗？主耶稣已经给我们做了委身的好榜样。

一、委身意味着无条件付出、完全接纳

在上帝光照我之前，我觉得自己很委屈。那时，我不仅包揽了家里所有的家务活——买菜、做饭、打扫卫生……经常要给患病的妻子做全身按摩、还要哄她开心。因为她非常地冷漠，重度抑郁，有时候情绪还会爆发。我自己的需求得不到任何的满足，反过来还要时时关心她的需要。有时我问她："想吃点什么，我给你买来做？"她说："我心情不

好，什么都不想吃。"我就求她务必选择一下，我觉得一定得为她做点什么，这样我才心安一些。于是她就说出一样来。我立刻出去买来、洗好，忙活半天，好不容易做完了往她面前一放，她说："我又不想吃了。"我马上就会面有愠色："你看你看，我费了那么大劲儿做完了，你又不吃了。早一点说，我何必费这么大的事呢？"你说我怎能不感到委屈？

我有一次跟上帝发牢骚："我做了这么多却得不到一点回报，我怎么连委屈都不能委屈了？"上帝批评我说："你委屈是因为没有完全的委身，你若完全委身就不会感到委屈了。"

上帝又说："我来到世上就是为钉十字架来的，没有比钉十字架更大的屈辱，我却没有感觉到委屈。"上帝继续回应我："你委屈，说明你付出是期待有回报的，当没有得到相应的回报时你就觉得委屈了。"

《圣经》告诉我们期待回报的付出不是真爱，因为恩典是白白给的，不求任何回报。所以，委身意味着无条件地付出、完全地接纳。

> 我若能说万人的方言，并天使的话语，却没有爱，我就成了鸣的锣、响的钹一般。我若有先知讲道之能，也明白各样的奥秘、各样的知识，而且有全备的信，叫我能够移山，却没有爱，我就算不得什么。我若将所有的周济穷人，又舍己身叫人焚烧，却没有爱，仍然与我无益。爱是恒久忍耐，又有恩慈；爱是不嫉妒，爱是不自夸，不张狂，不作害羞的事，不求自己的益处，不轻易发怒，不计算人的恶，不喜欢不义，只喜欢真理；凡事包容，凡

事相信，凡事盼望，凡事忍耐。（林前13:1-7）

基督徒对《哥林多前书》13章这段"爱的真谛"的经文都很熟悉，但对"爱的真谛"却理解得太少。你能做那么多事，如果没有爱的话，那你所做的一切就什么也不是。凡是图回报的都是在交换，而不是爱。上帝说："我给你这些磨难不为别的，是为锻炼你的爱心。你妻子如果很健康很能干，你爱她没什么难的，但她长年不能满足你的需要，反而给你带来极大的负担和累赘时，我让你看到你的爱都燃尽了。"的确，当我的妻子多年对我没有回报的时候，我真的快撑不下去了。而上帝说："她是你妻子，给了你一个家，如果对她你都爱不下去了，那你说爱其他人都是假的。"

现在我觉得我受的苦很值。我妻子像一面镜子，上帝借着她让我看清了自己的本相，看到我以前的爱是有条件的。

其实，上帝的恩典一直够我用的。每当我感觉快撑不下去的时候（看起来似乎毫无尽头的付出真的让人无法不沮丧），妻子就奇迹般地有了笑容，并用手抚摸我表示对我的赞赏。每到那时候我都会觉得受宠若惊。丈夫们，你们得感恩哪，为上帝赐给你们一个妻子、尤其是健康的妻子感恩啊！

很多男人是这样：你能满足我的需要，我就爱你；你满足不了我，我就找别人去。我真的感谢上帝，在妻子身体软弱的这些年，上帝从来没有让我在性这方面遇到试探。如果我遇到这样的试探，我也不知道自己能不能站立得住。主祷文里说："不叫我们遇见试探。"上帝真的很爱我，而且也保守我。当我意识到这一点时，我就知道在这段艰苦的日子里，上帝一直与我同在！

二、婚姻中的委身意味着以生命捍卫盟约，实现上帝所命定的"二人成为一体"

> 那人说："这是我骨中的骨，肉中的肉，可以称她为女人，因为她是从男人身上取出来的。"因此，人要离开父母与妻子连合，二人成为一体。
>
> （创2:23–24）

我跟大家讲讲我是怎么被上帝改变、怎么学习委身的。我和妻子在做婚姻家庭辅导工作的时候，我们也有争吵有矛盾，但我们会把这矛盾冲突掩盖起来，不让别人看见。我们讲课的时候，常有弟兄姊妹说："老师，你们一唱《盟约》这首歌，我们就流眼泪。"但是他们不知道，我们俩有时在讲课之前还吵得面红耳赤，我们不能让人看到我们的软弱，很多时候不得不作秀。否则会绊倒别人："你们自己都不和谐，还跟我们讲什么幸福？"

我们夫妻非常相爱，感情也很好，但我们之间的争执还是时常发生。多年来一起做婚姻工作也做得很好，得到很多教会的认同。我们之间关系出现让我难以承受的挑战，是在我妻子的病加重以后。她身体一直不好，但竟然会发展到这么严重的地步，完全是我始料未及的。

早在1994年我和妻子在国外的时候，我妻子就得了甲状腺炎。甲状腺是重要的内分泌器官，当我们劳累、惊恐、气愤、兴奋时，它可以起到一个缓冲和调解的作用。但是我妻子得了这个病以后，甲状腺坏死了，甲状腺素分泌量是零。当时在国外，没有钱给妻子治病，也没有保险。那时我们刚信主。患难中，良友电台周广亮牧师和他的妻子周素琴师母帮助了我们，他们给我们提供了免费的治疗。（2012年良友电台想请我做录音，周师母跟我联系。我一听是她，就说："你还记得我吗？18年前你在国外帮助过我的太太。"她自己都忘了。）

到1999年的时候，我妻子宣告她被上帝医治了。因为甲状腺细胞是不可再生的，得那个病以后，她每天要靠吃激素来补充甲状腺素浓度。这个病要终生服药，否则就会站不起来。而她学了祷告医治的课之后，就不再吃药了，而她也可以基本正常地生活，持续了多年，这确实是个神迹。我父母都是医务工作者，家里许多亲属也都是医生，那时他们还没信主，他们都不相信这个病可以不用服药来正常生活。

但我妻子不服药虽然也能正常生活，可是跟正常人比较起来，她还是很容易疲劳，情绪也很容易失控。

结果她到了更年期的时候，身体软弱的状况日渐加重。我先前讲道带着她一起去，后来就不带她了，因为她很容易累，情绪很容易失控。我一直认为是她生命不够成熟，就多多地担待他。我自己是做婚姻辅导的，知道无论如何我都要接纳她，心里再有想法也得做好呀！

从2009年开始，妻子进入了严重的精神抑郁状态。我对妻子说："别人常问我你为什么总没有笑脸，而且老这么累。"她就回答说："我更年期。"到后来她发展到不跟外人接触、不讲话、什么都不能做、对任何人都很冷淡的地步，甚至我们家里的亲属都觉得她不可接近。我在外面讲道，回到家里一团糟。虽有怨言和不满，但是每次我不管多晚回到家，马上就撸起袖子干家务活。我又要讲课，还独自担负起买菜、做饭、打扫房间等所有的家务。她很长一段时间天天卧床，这样久了肌肉就会慢慢萎缩。所以我每天都得费很大力气把她弄起来走走。后来发展到走也走不动，我只好每天给她做四肢肌肉按摩。但不管我做多少，她的情况也依然没有很明显的改善。这样的情况下我所有的幸福感都荡然无存。

我祷告说："上帝啊，我是完全照自己教的那套做的，为什么没有好的效果呢？如果这些都不能解决我自己的问题，又怎么能解决我听众的问题呢？我自己都不幸福，怎么还建造别人的幸福？"我太委屈了，想死的心都有了。有一次我祷告时跪在地上不住地用头撞击地面哇哇大哭，等祷告完的时候，头撞了一个大血印。后来去看妈妈的时候，她问我的头上怎么了，我还跟她撒谎说不小心撞门框上了，我妈妈还说："哪儿有这么低的门框啊？"

我那时每天祷告都不住地质问上帝："我这个幸福家庭建造者，为什么连自己的家庭幸福都没有了？

"我什么地方做错了？"

"怎么做了半天还不如那些不做的人幸福？"

"若是我如此努力还是不能幸福，那么要做到什么程度才行？"

"我现在讲的很多人已经认为他们很难做到，那么你还要再增加难度吗？"

有一天我正在质问上帝，上帝突然跟我说："我的婚姻也不幸福。"我吓了一跳，以为自己的耳朵听错了。上帝告诉我："如果婚姻意味着幸福的话，那么我一定在《圣经》里向你们彰显一个幸福婚姻的榜样。但是你看到，我的婚姻是一个自始至终充满冲突的婚姻，我的妻子（以色列人）一次又一次地背叛我，最后将我钉死在十字架上。虽然没有幸福可言，但是我依然爱她。因为这是我给她的应许！"

我顿时茅塞顿开，心里得到从来没有过的安慰，眼泪一下夺眶而出。我又接着问他说："上帝啊，妻子不和我讲话，我有什么方法跟她沟通让她明白我的心意？"上帝说："我们向你们吹笛，你们不跳舞；我们向你们举哀，你们不捶胸。（太11:17）没有比我更会沟通的，但是我的妻子（以色列人）也常听不懂，甚至根本不听。"

我对上帝说："上帝哪，她性情太执拗，有时把我气的好几天不想理她。但不理她我又觉得有罪恶感。"上帝说："我妻子也经常气得我不理她，有两次我四百多年没跟她说一句话。"（上帝说的两次，第一次是出埃及之前，第二次是新旧约的间隔时期。）

我说："上帝啊，为什么非要我有这样一个痛苦的经历？"

上帝说："为要让你明白婚姻不意味着幸福。"

我说："那婚姻意味着什么？"

上帝说："意味着无条件的委身。我对我的妻子比你对你的妻子好无数倍，但是我妻子依然不顺服、不理解我，我们之间充满着冲突和争吵。但是我依然委身于我对她的应许。你也曾经在结婚之前给过妻子这样的应许：无论疾病还是健康、无论贫穷还是富有，都要永远爱她。这就是考验你是否真正委身自己诺言的时候。"此时我的心里被圣灵大大充满。

当妻子的病让我不堪其累时，有几次祷告我都隐隐约约流露出这样的意念："主啊，实在不行的话，你就将她带走吧！因为太痛苦，我承受不了了！"

不久，我的妻子突然出走了。那些日子，我非但没有因此解脱，反而仿佛行在死荫的幽谷之中，那个痛苦是我一生从未体验过的。每天白天我都要去各个可能的地方去寻找她。夜里也不停忙碌着。儿子白天上班，我做好晚饭等他回来，吃过晚饭，我叫他睡上一会儿，九点钟再将他叫醒，然后我们俩就开着车在马路上继续寻索。每天这样折腾，我们身心俱疲。一次，若不是儿子一声惊叫提醒我，我就撞在停在路边的一辆大货车上了，当时我们都吓出一身冷汗。

那几天里，我常常一边寻找她一边心里向上帝呼求："主啊，你让她回来吧！只要她回来，不管她成了什么样子，我都愿意服侍她！千万别把她带走！"当我一声声呼喊"尔玲，回来吧！尔玲，回来吧！"的时候，上帝突然对我说："你知道吗？这就是我当初呼唤以色列人的情景——以色列家啊，你们转回，转回吧（结33:11）。"我一下泪流满面，心中充满由上帝而来的平安和力量。

在经历了五天撕心裂肺的痛苦之后，我找到了出走的妻子。从那时起，我再也不敢有让上帝把她带走的念头了。心里转而想的是：主啊，无论如何，只要有她在我身边就好！后来她恢复了一些，我们又常常一起到外地讲课，虽然她不能参与我的工作，但是只要她跟着我就好。最为重要是，不论到什么地方住宿，有她在身边我就睡得特别踏实。我此时真正认识到：妻子这根肋骨，虽然很软弱，对我来说却是如此不可缺少。

三、从押撒的故事看妻子对婚姻的委身

从旧约耶和华和以色列以及新约基督与教会的婚姻关系，我们可以得知：丈夫的委身常常是从遮盖、保护、谦卑、舍己这几个方面来彰显的；而女人的委身，则常常是以毫无保留的依靠来体现。《圣经》里有一个押撒的故事。

《约书亚记》及《士师记》里两次都提到这个押撒。押撒是谁呢？她到底做了什么值得传扬的事呢？这也引出了我们现代所关心的一个热点问题：

1、女儿嫁人后胳膊肘到底该向哪边拐？

> 迦勒就把女儿押撒给他为妻。押撒过门的时候，劝丈夫向她父亲求一块田。押撒一下驴，迦勒问她说："你要什么？"她说："求你赐福给我。你既将我安置在南地，求你也给我水泉。"她父亲就把上泉下泉赐给他。（书15:17下-19）

押撒是迦勒的女儿。迦勒将女儿押撒作为战功的奖品赐给了俄陀聂。在嫁过去之前，押撒和俄陀聂并没有现代人所谓的谈恋爱的阶段，但她嫁过去之后马上鼓动丈夫向自己的父亲迦勒要田地。她第一次回娘家时，父亲见到女儿很开心，问她还想要什么，她就向父亲要水源。那时生存的两个最基本的条件一个是土地，另一个就是水源。她要一个水源，爸爸一高兴给了两个。

你乍一听这个故事，是否会觉得这个押撒有点"胳膊肘向外拐"？怎么刚嫁过去，就把娘家的东西紧着往那边倒腾？但其实押撒的胳膊肘是向"内"拐的，因为押撒知道父母把她嫁出去之后，她的第一身份就不再是父亲的女儿，而是丈夫的妻子了。从此往后她的遮盖和祝福都将来自于她的丈夫俄陀聂，而不再是她的父亲迦勒。这就是为什么婚礼上，父亲要亲手将女儿交给她的丈夫，以表明权柄的交接和遮盖转移到丈夫那里了。押撒是一个聪慧的女人，清醒地知道自己角色的变化，所以她马上全身心地委身在这新的关系中。你想，丈夫看到妻子一心依靠自己，没有留任何后路，丈夫会如何对待妻子？这就是我们与基督的关系：基督全身心地委身我们，他同样愿意看到我们也全身心地委身于他。

可现在许多女人不懂得婚姻要"离开父母"、"二人成为一体"，常常出于安全感的考虑，不把自己的一生全部押在丈夫身上，总要给自己留点"后路"，担心："万一他靠不住怎么办？"所以她们普遍的做法是：还像没出嫁一样，把安全的依靠放在自己的娘家。因此，在结婚前要进行财产公证，结婚后依然把娘家作为自己避风的港湾，甚至把丈夫的产业（钱财、存款等）都往娘家转移。狡兔三窟嘛，多留几手总没有坏处。殊不知这些不委身的做法会从根本上破坏夫妻关系的合一。今天这样做的妻子们都以为自己有智慧，但这都是属世的智慧，其实她们还不如几千年前的押撒明白呢！

我有一次讲课遇到一位女士，她嫁给了一个离过婚的大款。婚后她妈妈是这么跟这女儿说的："闺女，你老公既然能甩了第一个跟你结婚，他就能甩了你跟第三个人结婚。趁他现在这么爱你，你得给自己留条后路啊。你跟他要东西，存在妈这里，妈妈永远是你的妈妈。"这个女孩听了妈妈的话，问丈夫要房子、要钻戒，要这要那。过了几年，这个丈夫突然想起来问妻子："我给你的那条项链呢？"妻子不说话，眼看丈夫生气并起了疑心，再不说就要出问题，只好招了："我放我妈那了。"

"那我给你买的钻石呢？"

"也放我妈那了。"

......

"都给你妈了，你跟你妈去过得了。"

两个人的婚姻因此有了很深的裂痕。

一些妻子没有原生家庭的后盾，但也常在婚姻之外找到一个似乎可以依靠的立脚点，向丈夫显示自己还有后台或退路，以防老公日后欺负自己，结果造成了对丈夫尊严的伤害，破坏了彼此的信任。

一次，我在一个青年营会做婚前培训。有一对刚结婚七个月的夫妻，他们为了听课来做义工。妻子跟我说："袁老师，我做义工是专门想见你。因为我跟我老公过不下去了，他处处刁难我，我要跟他离婚。你说怎么才七个月就'痒'起来了？"我就问这个丈夫怎么回事。他告诉我："袁老师，您知道我为什么对她这样吗？我心里老想爱她，但就是爱不起来。根源是我们俩婚礼那天，宴会快结束的时候，忽然我这个新娘带着三四个男的过来了，让他们一字排开站在我面前，跟我一一介绍说：'这是我同学，这是我发小，这是我表哥。告诉你啊，他们都是我铁哥们儿，结婚后你若敢欺负我，他们跟你没完。'"丈夫对我说："我听了这话气得浑身发抖，若不是当时正在婚礼中我真想抽她。打那时起我心里就有了疙瘩，想对她好却总也好不起来。其实我心里是真爱她，我也不想离婚啊。"妻子一旁听了委屈地说："我就这么一说，谁想到你会这么记仇啊？"我对妻子说："你这么做当然大错特错了，因你搞错了委身的对象。你可以带那几个男的过来，站在你老公身边说：'这是我同学，这是我发小，这是我表哥……'然后你要对他们说：'现在我是他的女人了，你们以后谁要是敢欺负我，这个男人会跟你们玩命。'"无论哪个丈夫听了这样的话，一定愿意为妻子玩命的。

通过这几个故事我想告诉大家，现在婚姻中的夫妻普遍不懂得什么是委身，也不想完全委身，常常是先踏上一只脚，试一试稳当不稳当，再根据对方的表现如何相机行事。这种态度是婚姻的杀手。

2、夫妻关系优先于亲子关系

妻子们一定要知道：结婚后夫妻关系优先于亲子关系，儿女长大了就要离开父母独立生活。以前男人们常想"儿女是骨肉，妻子是衣裳"，而如今女人们则总是搞错次序，都把儿女看得比老公重要。其实是老公更重要，你越爱你老公，你儿女就越得祝福。我就有点嫉妒我儿子在我太太心里的位置。我总把我的妻子放在最优先的位置上，可是她老把儿子放在第一位置上。

我妻子一难受，我马上就问："怎么了？"而我难受的时候，她不太容易觉察。有一次我吃的不舒服，夜里上吐下泻，她竟然睡得死死的，浑然不知。第二天早上我一抱怨她还不高兴，说是没听见。我说："你有点风吹草动我怎么就能听见？我这么折腾你都听不到，太不公平了！再说，夜里儿子打个喷嚏或者咳嗽一声，你怎么马上就醒？你要对我像对儿子一半，我就知足了。"所以，后来儿子结婚离家出去住，我心里很高兴："我可该升级了！"而妻子着实过了好几个月都没走出那种和儿子分开住的失落情绪。

这就带出了一个委身中的问题：

3、我若委身了而对方不委身怎么办？

婚姻关系是上帝创造的第一人际关系，仅次于我们跟上帝的关系。但是有人对婚姻没有安全感，有种种的顾虑，怕自己委身而对方不委身："他靠不住闪我一下可怎么办？"我想，这不是你要思考的问题，也不是你能掌控的问题，这是上帝负责管的事情，你要做的就是好好委身。

前文讲过，夫妻两人如同铁轨，我们都会盯着对方说"你歪了"，其实是双方都歪了。当你们两个都忙于盯着对方、纠正对方的时候，上帝就不动工，让你们互相打。那该怎么办？上帝没让我们去改变对方，上帝让我们先回归自己的本位，不管对方怎样，先做好自己的本分。上帝一看你回来了，定准本位了，就会根据你的状况来定对方铁轨的位置（修理对方）。改变对方不是我们能做的事，没有任何人能够改变他人。当你改变的时候，上帝慢慢就改变他（她）了。一定要清楚是上帝亲自改变他（她），不是我做得好改变了他（她）。否则你改好一点，就会关注对方有没有改变，一旦还没变你就会委屈，心里不平衡，就像我过去一样。你不能仰望人，你必须仰望上帝。万物都有定时，上帝让万物在其时成为美好。上帝也会在最恰当的时候改变他（她）。若对方没变说明你改变得还不够呢，你必须有脱胎换骨的改变。所以委身就是要给对方恩典而完全不求回报，只把对方完全交托在上帝的手里。

> 既是出于恩典，就不在乎行为；不然，恩典就
> 不是恩典了。（罗11:6）

爱是恒久忍耐，又有恩慈。你能忍耐是爱，但还不完全。还缺什么呢？缺恩典。很多人能忍耐，但不能给对方恩典。恩典就是"你不配得我也给你"，否则你给的就不是恩典而是投

资。我们一定要学会听上帝的呼唤，明白上帝的心意，如此，你才能看到周围人的需要，承担你的责任。什么叫责任？责任就是认清自己该做的事情。过去，上帝呼召我做婚姻培训的工作，那么做好这份工作就是我的责任。最近这几年，我感到上帝带领我在婚姻的苦难中学习委身，并呼召我传讲委身的信息，让更多的人明白委身的重要性，这就是我的责任。

既然是自己应该做的事，就是上帝给的恩典，就不会感到委屈。遗憾的是，婚姻中的夫妻比较容易看到对方的责任，而总是看不到自己的责任。子女教育方面也如此。本来养育孩子是我们的责任，但现在很多父母都会感到委屈，原因何在？在于父母对孩子不是无条件的爱，或多或少有投资的心态，总想在孩子身上看到回报，一旦达不到期望就委屈。

四、若婚姻不意味着幸福，谁还敢结婚

没结婚的人可能会问一个问题：如果结婚不一定能追求到幸福，反而要受苦，谁还敢结婚呀？一听这些都吓回去了。问题的关键在于，你越亲近上帝，越了解基督和十字架的意义，你才越知道上帝儿女生命真正的意义和福分在哪里。

> 波阿斯说："女儿啊，愿你蒙耶和华赐福！你末后的恩，比先前更大，因为少年人无论贫富，你都没有跟从。"（得3:10）

我们常常会遇到"A还是B"的选择。虽然我们都努力朝着幸福和谐的方向走，但是我们习惯性的选择是趋于利益导向的。但上帝的法则不是利益导向。

前面我们讲过，路得是个选择委身于婆婆的好媳妇。

当时她面临两个选择：一个是对婆婆的责任；一个是个人幸福。如果路得要幸福的话，她应该趁机离开婆婆，回家乡找一个合适的人再婚，但路得选择了跟着婆婆回家。回到婆家身无分文，自己是寡妇，还带着个婆婆——世上一切的不利因素都在她身上。但当路得看重自己的责任过于幸福的时候，波阿斯说："上帝末后给你的恩典，要比你先前想要的还大。"果然，上帝把有钱有势、又属灵又跟基督耶稣族谱有份的波阿斯赐给她做丈夫。

有一个姊妹的丈夫要和她离婚，跟我哭诉说："我是无辜的。丈夫有了外遇，什么都不想留给我。连二人合买的房子都想一个人独占。他什么都要先挑好的，我要不要去告他？"我说："不能告他，因为不符合《圣经》。""那怎么分家？"于是，我给他讲了罗得和亚伯拉罕的故事。

居住在伯特利时，亚伯拉罕和罗得的牧人相争。亚伯拉罕说他们是骨肉，不能相争，应该分开居住。他的做法非常"大方"。作为这个游牧部落的长者和领袖，他完全有权优先选择居住地。但是，为了和平解决争端，他舍弃了自己的权利，让罗得先选择。罗得看到约但河平原水草丰美，就选择了那里。亚伯拉罕的行为彰显出他的信心。上帝不是已经承诺眷顾他，赐给他产业吗？因此，他毫不担心罗得会抢走信实上帝的应许。他宁愿让上帝为他选择，不愿自己选择。亚伯拉罕得到了上帝的奖赏，而罗得在约但河平原渐渐挪移帐篷，迁到了所多玛，那里的人罪恶极大以至于上帝要毁灭这座城。我告诉这个姊妹，亚伯拉罕和罗得分家的故事说明了那为自己营谋的人，结局绝对不如把选择的权力交给上帝的人。

然后我建议她跟丈夫说："你尽管先挑先拿，你什么都不给我也没关系。"很久以后，我再去这教会讲课，这位姊妹跟我说："袁老师，您还认识我吗？我就是那个先前要离婚的姊妹，你跟我说什么都不挑不要。我听了你的，没听我妈的，快被我妈骂死了。可您知道吗？我老公反而要跟我来教会。"原来她老公被她的奇怪行为弄糊涂了，要跟着来看看这上帝是什么样的上帝。我很为她高兴，你们说是得那房子、财产重要，还是得一个信主的老公重要？

当婚姻中我们感觉不到幸福时，我们可以在上帝面前好好整理一下我们的心，找找原因。有些是不可改变的客观事实，需要我们坦然接受。有些是错误的主观认识，需要我们调整自己的价值观。可能存在的种种主观原因有：

·缺乏感恩的心，对现实生活的期望值太高；

·对救恩的可贵认识不足，仍希望从世界得到满足；

·骄傲、自义的罪，期望改变对方，而不是反省自己；

·不愿真正地背十字架。

归根结底，主要原因还是我们对救恩的可贵认识不够，眼光仍常常盯着世界，期望从世界获得满足，对自己所拥有的缺乏感恩之心。我经常鼓励姊妹们，在孩子小的时候，只要条件基本可以，最好在家照顾孩子。两个人一起工作的确能提高生活水准，代价却是降低了生活质量。房子大了，车有了，你们却要付出更多的时间挣钱。生活水准越高，压力也会水涨船高，能把人压得喘不过气来。最后可能内忧外患，夫妻关系、亲子关系矛盾不断，生活质量大大降低。其实，作为基督的门徒，在世寄居的日子只是暂时的，生活越简单越好，吃饱穿暖就当知足。这样，你反而能保持好的灵性，并有大量的时间精力来做上帝让你做的事情。

让我们竭力追求认识上帝——惟一赐福的源头吧！

各样美善的恩赐和各样全备的赏赐都是从上头来的，从众光之父那里降下来的，在他并没有改变，也没有转动的影儿。（雅1:17）

我们的结论是：

婚姻不意味着一定幸福和谐，而是意味着无条件委身。

第五个误区：
基督徒能/不能离婚或再婚

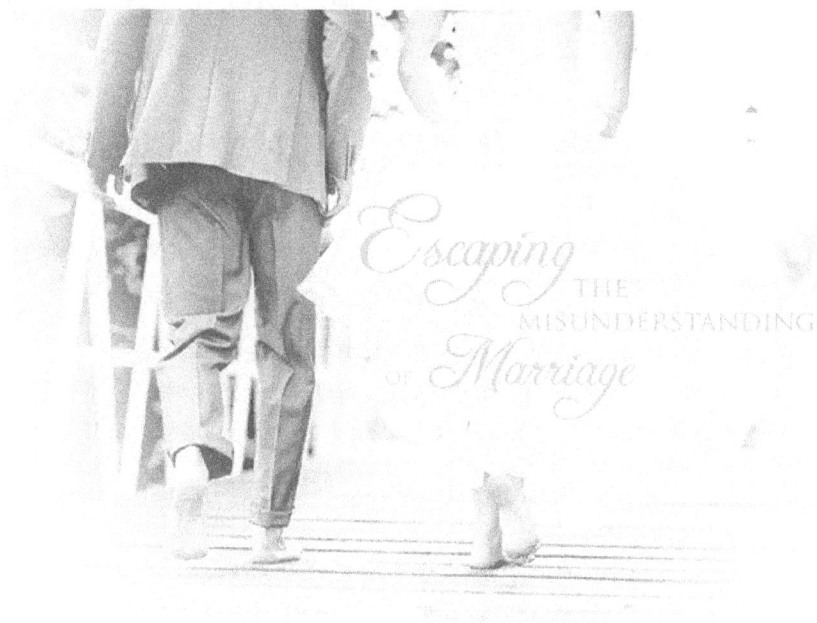

Escaping
THE
MISUNDERSTANDING
of Marriage

婚姻的第五个误区是关于基督徒的离婚再婚问题的（如果大家没有看完前面的四个误区，请不要对本章内容太早下结论）。前面讲了四个误区，我们对上帝在人婚姻里的心意有了基本的认识。这一章是想通过对离婚、再婚的探讨来更深入地了解上帝的品格：上帝的公义、圣洁和慈爱、怜悯。公义、圣洁让我们明白上帝的伟大，让人敬畏，但若因此而忽略了上帝的慈爱、怜悯，就会进入极端律法主义；如果我们知道上帝的慈爱、怜悯，却不了解上帝的公义、圣洁，就会失去方向而走弯路。

关于休妻，耶稣对法利赛人的回答

我们知道婚姻中的双方不是契约关系而是盟约的关系，而盟约的严肃性我们也深谙于心——惟有死亡才能使双方分开。婚姻不是两个人搭伴过日子，而是不可撕毁的盟约。然而，我们却经常在教会中听到弟兄姊妹问这样的问题："基督徒可不可以离婚或再婚？"这个问题应该怎么回答？

我们看一下耶稣是如何面对这个问题的。

有法利赛人来试探耶稣说："人无论什么缘故都可以休妻吗？"（太19:3）

有法利赛人来问他说："人休妻可以不可以？"意思要试探他。（可10:2）

这里清楚地告诉我们，可否休妻的问题是一个试探。什么叫试探？试探就是故意引诱你犯错误，是圈套或陷阱。所以，面对试探性的问题，回答就必须要谨慎，因为无论肯定或否定都可能落入设好的网罗。《圣经》里耶稣曾多次面对来自法利赛人的试探性问题，但耶稣都用他那属天的智慧做出精辟的回答。

如：该不该向罗马当局纳税的问题。

> 后来，他们打发几个法利赛人和几个希律党的人到耶稣那里，要就着他的话陷害他。他们来了，就对他说："夫子，我们知道你是诚实的，什么人你都不徇情面，因为你不看人的外貌，乃是诚诚实实传神的道。纳税给凯撒可以不可以？我们该纳不该纳？"（可12:13-15）

面对这样的问题，耶稣没有直接回答该或不该，因为如果说应该，就会激起以色列民众的愤怒；说不该，就会触犯统治者罗马人的法律。而这就是他们的险恶用意，目的是要找到陷害耶稣的把柄。而耶稣的回答充满着智慧，连试探他的人都不得不叹服：

> 耶稣知道他们的假意，就对他们说："你们为什么试探我？拿一个银钱来给我看！"他们就拿了来。耶稣说："这像和这号是谁的？"他们说："是凯撒的。"耶稣说："凯撒的物当归给凯撒，上帝的物当归给上帝。"他们就很希奇他。（可12:15-17）

又如：我们该做什么才能承受永生的问题。

> 有一个律法师起来试探耶稣说："夫子，我该

作什么才可以承受永生？"（路10:25）

如果耶稣说出具体需要做什么，那么，"永生"便成为人可以凭一己之力而得到的了。耶稣没有告诉他们要做什么或不要做什么，而是反问他：

> 耶稣对他说："律法上写的是什么？你念的是怎样呢？"他回答说："你要尽心、尽性、尽力、尽意爱主你的上帝；又要爱邻舍如同自己。"耶稣说："你回答的是。你这样行，就必得永生。"（路10:26-28）

耶稣告诉他，永生不是靠做什么来成就的，乃是与上帝的一种关系。

当然还有很多其他的试探，我们不在这里一一细谈。举这两个例子只是想要引出：耶稣在面对可不可以休妻的问题时，也肯定不是简单地回答"不可以休妻"。

我们再来认真读一下关于"休妻"的经文，请注意带有下划线的词语：

> 耶稣从那里起身，来到犹太的境界并约旦河外。众人又聚集到他那里，他又照常教训他们。有法利赛人来问他说："人休妻可以不可以？"意思要试探他。耶稣回答说："摩西吩咐你们的是什么？"他们说："摩西许人写了休书便可以休妻。"耶稣说："摩西因为你们的心硬，所以写这条例给你们，但从起初创造的时候，上帝造人是造男造女。因此，人要离开父母，与妻子连合，二人

成为一体。既然如此，夫妻不再是两个人，乃是一体的了。所以，上帝配合的，人不可<u>分开</u>。"到了屋里，门徒就问他这事。耶稣对他们说："凡休妻另娶的，就是犯奸淫，辜负他的妻子；妻子若离弃丈夫另嫁，也是犯奸淫了。"（可10:1-12）

很多人以上面的经文来作为耶稣禁止离婚的凭证。真是这样吗？请注意三个下划线的词语："试探"、"条例"和"分开"。我们可以根据这三个词，得出以下结论：

1、试探：既然《圣经》说明这个问题是个"试探"，那么耶稣当然知道无论他说yes还是no，都会陷入法利赛人的圈套，所以耶稣后面的话绝不是在回答"不可以"。

2、条例：如果耶稣把摩西有关休妻的话说成是"条例"，那么说"不可以休妻"也是一个条例。耶稣不会否定一个旧条例，而给出一个新的条例，并且谈条例要不要遵守的问题。新约时代上帝所看重的不是条例，也不是人表面对条例的遵守情况，而是其中的实质。

3、分开：耶稣也没说不可以"休妻"，他说的是不可以"分开"，"分开"与"休妻"（离婚）不是同一回事，而是涵盖的关系。休妻（离婚）只是夫妻众多"分开"方式中的一种，也是最决绝最严重的分开方式，但"分开"却不仅仅指离婚，还有许多其他的方式（这一点我们在后面讨论）。耶稣是说：上帝通过婚姻把二人已经变成一体了，对这"一体"而言，任何形式的分开都是不合上帝心意的。所以我们可以看到：耶稣的话绝不是回答他们休妻的条例合不合理的问题，而是讲出真理：**上帝创造婚姻的本意是要夫妻之间灵、魂、体一生一世合一，任何形式的"分开"都是不**

合上帝心意的。

一、上帝创造婚姻的本意是要夫妻二人合为一体

这个合一体现在灵、魂、体三个方面的合一。

体（肉体的结合）：分享彼此的身体，但除非在分享身体时意识到上帝的亲切柔和的慈爱，否则不能达到完满。

魂（心智的结合）：分享彼此的人生、理想和希望，并且同心合意把它们实现出来。

我们看到，夫妻二人必定会有许多不同：不同的情感、不同的思想观念、不同的兴趣和爱好。如何对待彼此之间的这些不同？许多世俗的婚姻专家会认为无所谓，并建议他们：你做你的、我行我的——彼此并行不悖。但是这是消极的互不干扰、相安无事地"搭伴过日子"，而不是积极合一的态度。《圣经》主张夫妻要二人"同得美好果效"。如果夫妻二人只看重自己与对方不同的兴趣爱好、思想观念等，会将二人领向不同的领域和活动群体，与其他"志同道合"的异性频繁接触，很容易产生男女之间的化学作用。为了婚姻的合一，夫妻就要彼此主动学习接纳和欣赏对方与自己的不同，努力发展更多的共同语言。夫妻合一不是自然而然的事情，而是需要操练磨合的，更是上帝所喜悦的。

但我们不可忽略的一点是，这一层面的结合仍只停留在肉体和物质的世界而已。

灵（心灵的结合）：共享、融化和陶造彼此的心灵。由于人的灵需要滋养和培育，因此这方面的结合必须要有上帝参与其中，才能做成。

三者中，心灵的结合是最为根本的部分。夫妻二人只有

敬畏信靠上帝，让上帝在他们中间做主，并允许上帝在他们各自里面动工，夫妻才可能各自省察自身的问题，从而避免婚姻（两个罪人的结合）朝着自私的方向发展，按照上帝的计划达到真正的合一，否则婚姻必然是同床异梦（身体连合而心却是分开的）。

二、上帝让夫妻共同携手抵挡撒旦的攻击和诱惑

> 两个人总比一个人好，因为二人劳碌同得美好的果效。若是跌倒，这人可以扶起他的同伴；若是孤身跌倒，没有别人扶起他来，这人就有祸了！再者，二人同睡，就都暖和；一人独睡，怎能暖和呢？有人攻胜孤身一人，若有二人便能敌挡他；三股合成的绳子不容易折断。（传4:9-12）

这段经文指的就是婚姻关系。我为什么这么肯定？因为这世界上成年人中可以身体贴着身体同睡的只有婚姻中的两个人。上帝造两个人的婚姻关系，比一个人单独生活要好，因为一男一女婚姻的结合可以产生更大的动力和果效。就是我们常说的"1+1>2"的道理。"有人攻胜孤身一人"——当初亚当、夏娃跌倒就是因为二人暂时分开，而使得撒旦有机可乘。"若有二人便能敌挡他"——如果亚当和夏娃当时在一起的话，他们就能抵挡住蛇的诱惑了。所以我们要吸取这个教训。

这就告诉我们，上帝要夫妻二人在一起形影不离是为了共同抵挡试探。那为什么又说"三股合成的绳子不容易折断"呢？夫妻二人还要加谁呢？——加上上帝！上帝造人的

主要目的之一，是反映上帝三位一体的形象。而人世间惟一可以成为"一体"的关系就是夫妻关系。婚姻关系是绝对排他的，是坚决拒绝世上任何第三者的，惟一可能被双方都接纳的就是上帝。但是，也只有上帝在夫妻中间，婚姻关系才能是"三股合成的绳子"而真正得以长久稳定。

这里，上帝的意思是夫妻二人成为一体以后，不可轻易地"分开"。关于这一点，保罗说的更具体，他甚至强调夫妻两人不可分房而居：

> 妻子没有权柄主张自己的身子，乃在丈夫；丈夫也没有权柄主张自己的身子，乃在妻子。夫妻不可彼此亏负，除非两相情愿，暂时分房，为要专心祷告方可；以后仍要同房，免得撒旦趁着你们情不自禁引诱你们。（林前7:4-5）

结婚之后，夫妻二人性生活的主权不由自己掌握，而交给了对方。夫妻不可轻易分居，即便是必要的分房也要在双方都同意的前提下才行，而且是暂时的。如果一方有亲密感的需求而对方不予以满足，就是亏负了对方。其次，即使为了静心祷告并征求对方同意后分居，也要在祷告后尽快恢复同居状态，否则很可能会让对方单独地面对撒旦的试探。在我辅导的婚姻外遇案例中，绝大多数都是因为夫妻经常或长期分开造成的。

1、除离婚以外，其他各种形式的"夫妻分开"

下面我们来看除离婚以外，其他各种形式"夫妻分开"的例子。

首先我们必须先区分"不可抗力"和"非不可抗力"之"分开"的不同：

1）不可抗力造成的分开

不可抗力指的是天灾人祸等凭借人的力量不可改变的情况。比如：一方得了传染病，被强迫隔离。再比如：战乱使得夫妇天各一方，这在类似大陆和台湾、南韩和北韩隔绝后的情形中，非常多见。这些都是个人意志所无法掌控的。所以它不因该包括在《圣经》所说的"不可分开"之列。

2）其他非不可抗力的"分开"都是上帝所不悦纳的

夫妇彼此之间都有自然的生理需要，得不到满足就会想入非非，就容易被试探。耶稣教导我们的主祷文里说："不叫我们遇见试探，救我们脱离凶恶。"启示如下：

·你要尽可能避开可能存在诱惑的环境，不要主动去面对诱惑。

·如果无意中面对诱惑，就要像约瑟那样，立刻逃离这个环境，因为人在诱惑面前常常是软弱而难以站立得稳的。

·如果你是被恶势力强迫进入这样的环境，那么你要求告上帝，他必搭救你脱离这样的陷阱。

·但是如果你自己主动选择面对试探，那么你将自己承担后果。

夫妻因以下原因而分开，就属于此类：

貌似合理的借口：夫妻虽然没有离婚，却以性格不合、工作需要、学业、事业、孩子甚至教会事工等作为借口而分居；或者其中一方（甚至双方各自）经常性出差，几周、几个月、甚至一年才见一次面。这样的问题，其实都是人的自由意志可以抉择从而避免的"分开"的。但是很多夫妻因为对上帝的优先次序认识混乱，而采取了错误的方式。

分室或分床而居：夫妻虽然没有离婚，且生活在一个屋檐之下，但是分室而居；或者虽然在一个房间里，但两个人分床而居。这样的分开也不讨上帝喜悦。当然，在特别的情况下，如因为一方病患的缘故，为了避免打扰对方的休养，夫妻暂时分室、分床是允许的。所要区分的是：分床的目的是为自己的益处还是为对方的益处。但我们知道，现在很多的夫妻分房或分床而居大多出于自私的考虑，因为生活习惯不合拍，一方睡觉时爱磨牙、吧唧嘴、打呼噜或者常常工作到很晚等。以这种理由分居对吗？上帝让夫妻二人彼此接纳、彼此适应。但是有的夫妻认为自己的个人习惯是神圣不可侵犯的，只在有性需要的时候同房，然后各回自己的床，没有需要时则干脆互不干扰。这种行为本身是自私的，属于前面所讲的"搭伴过日子"的心态，可以这样解读：我只需要你的优点给我带来的满足，不想接纳你的缺点给我带来的麻烦。新婚夫妻恐怕没有愿意分床而居的吧？如胶似漆，掰都掰不开。等双方的热情逐渐降低以后，因为不接纳对方的习惯才开始分床。如果两人都能有意识地为了爱而改变自己迁就对方，久而久之就习以为常了。

我和妻子就是这样，过去彼此都嫌对方打鼾或翻身动静太大，到如今已经磨合得夜里听不到对方鼾声就睡不踏实。所以我们现在到哪里讲课都必须夫妻同行，无论在哪里住宿，半夜醒来只要伸手触摸到对方的身体就感到特别平安。

虽然没有分床，但同床异梦：有的夫妻虽然同床而卧，但却各有各的隐私。

我们说到这种情况时，首先不得不谈几句夫妻之间要不要有"隐私"的问题。因为太多的现代夫妇强调自己的所谓隐私权。这是不符合《圣经》原则的观念。什么是隐私？隐私是为满足自己个人的需要而对配偶的隐性损害。夫妇之间不是不能有秘密。但是一定要看向对方保守的是什么秘密？保密的动机是什么？如果是出于对配偶的爱而保守的秘密，那是好的。比如说隐瞒一些会给对方心里造成难以承受的压力的事件；或者给对方买了个特别贵的礼物，知道对方心疼钱，不舍得，就不告诉对方真实的价格。但这种情况不能叫做隐私，我们可以称之为秘密。所谓的隐私是：我有我自己的一方感情小天地，是与你无关的，所以你不能进来，也不能触碰。这在耶稣看来就是内心的淫乱。有些社会上的心理专家甚至鼓励你，如果你与配偶过性生活的时候没有激情，不妨将他（她）想象成你梦中的那个情人。这种情况虽然没有离婚，也没有分床，但实际在上帝的眼中你已经与配偶"分开"了。这种藏在心思意念里的动机没人知道，但是上帝知道。这都是他所不喜悦的。所以，不要说婚后不应感情出轨了，就连过去恋爱经历、恋人的照片、恋爱日记、信件、信物等，都要在进入婚姻盟约前坚决地清理干净，以此来表示自己委身于配偶的决心。如果还时不时偷偷地拿来回忆、自我陶醉或追念往日的浪漫情怀，都是对自己的配偶不忠。记住：上帝是全知全能的上帝，他鉴察我们的心思意念。

我接触过一对夫妇，两人彼此厌恶，已经十多年没有同过房，婚姻早已名存实亡了。只是因教会规定离婚的信徒不可作同工，为了能够继续在教会服侍，所以没有离婚。很多弟兄姊妹认为他们很爱主！你认为我们的上帝会喜悦人献上这样的祭物吗？——当然不会。因为他说过：

所以，你在祭坛上献礼物的时候，若想起弟兄
向你怀怨，就把礼物留在坛前，先去同弟兄和好，
然后来献礼物。（太5:23-24）

我们往往把上帝的话曲解了，向上帝要求一个可不可以离婚的条例，但耶稣告诉我们，任何形式的分开都是错误的。

现在盛行：夫妻开支的AA制；婚前财产公证；抚养孩子各管一个；赡养父母各自承担：你管你父母，我管我父母；今年春节上你们家，明年春节就得去我们家；你有你的存折，我有我的小金库。当下许多夫妻买房子，时兴房产证同时写两个人的名字。两个人的名字写在一起，表面看上去似乎很合一，但仔细琢磨却不难发现：实质上，心却是分开的。二人立定心志永不分开，为什么要写两个名字？不就是以防日后发生"万一"吗？……当你重视这些事情的时候，你们的婚姻虽然还在，但夫妻俩已经"分开"了。

我们看到，这些"分开"概括起来就是：即便没有离婚却经常性或长时间的分离；即便没有分离，却是分室、分床而居；即便没有分床却是同床异梦，各有隐私；即便婚姻还在，却各怀心思、各行其是；即便婚姻看起来很和谐，却是奉行夫妻AA制，互不干涉……这些都不是盟约婚姻关系应有的态度，而是"搭伴过日子"的态度。

耶稣说的不是律法、条例，而是真理：婚姻是上帝所配合的，婚姻关系是盟约关系，上帝所配合的人不可分开。上帝的本意是要夫妻享受灵、魂、体的合一，携手抵挡撒旦的攻击。但是因为人的罪，夫妻之间常常处于分离状态。法利赛人试探耶稣的目的，就是要利用休妻的条例来作为他们淫

乱罪的借口。

> "你们这假冒为善的文士和法利赛人有祸了！
> 因为你们好像粉饰的坟墓，外面好看，里面却装满
> 了死人的骨头和一切的污秽。"（太23:27）

法利赛人将上帝的律例降低到凭一己之力就可以达到的外在标准。如果人们认为凭行为可以达到完全的标准的话，那必然会在骄傲与自义中拒绝基督。这就是为什么法利赛人那样抵挡拒绝耶稣，并要置耶稣于死地的原因。

三、淫乱罪是可以离婚、再婚的理由吗？

弟兄姊妹中许多人普遍认为，耶稣的意思是说：对方淫乱是可以离婚的惟一条件。许多教会也是这么教导的。但耶稣是这个意思吗？要解决这个疑问，我们先要看看在上帝的眼中什么是淫乱。

1、什么是淫乱

淫乱就是指"性的不洁"，怎样就是性的不洁呢？

> 当时夫妻二人赤身露体并不羞耻。（创2:25）
> 婚姻，人人都当尊重，床也不可污秽，因为苟合行淫的人，上帝必要审判。（来13:4）

一男一女只有进入婚姻、确立夫妻关系之后，方可互相有性的行为，否则就是淫乱。在上帝的眼中，只要性生活涉及活着的配偶之外的人，就是性不洁。那么，除非在配偶死

去的情况下，另外一方才可以进入下一桩婚姻。所以离婚是背弃盟约，还不构成淫乱，因为没有涉及第三者；但是在配偶活着的时候，一旦再婚就会涉及活着的第三者，那便是淫乱。

> 弟兄们，我现在对明白律法的人说：你们岂不晓得律法管人是在活着的时候吗？就如女人有了丈夫，丈夫还活着，就被律法约束；丈夫若死了，就脱离了丈夫的律法。所以丈夫活着，她若归于别人，便叫淫妇；丈夫若死了，她就脱离了丈夫的律法，虽然归于别人，也不是淫妇。（罗7:1-3）

婚姻和性是同一的，夫妻关系涉及一男一女两个人，多一个不行，少一个也有罪。不跟上帝的心意相符的，全都是罪，因为："凡犯罪的，就是违背律法；违背律法，就是罪。"（约壹3:4）只要违背这个原则，多于两个人或者虽然是两个人，但却是两男或者两女的性行为都是犯罪。

所以说离婚不是淫乱罪，是背弃盟约的罪，但在原配偶还在世的时候"另娶"和"再嫁"就构成了淫乱，因涉及了第三方。

> 我告诉你们：凡休妻另娶的，若不是为淫乱的缘故，就是犯奸淫了；有人娶那被休的妇人，也是犯奸淫了。（太19:9）

所以，耶稣在这里不是在强调说如一方淫乱，另一方就有理由再婚，而是说：即便你不是因为淫乱而离婚，但只要原配还活着，你一"再婚"实际上都是犯奸淫了。其真实的含义与下面经文相同：

耶稣对他们说："凡休妻另娶的，就是犯奸淫，辜负他的妻子；妻子若离弃丈夫另嫁，也是犯奸淫了。"（可10:11-12）

大家可以对照不同版本的《圣经》，再做细致的阅读查考。以上经文告诉我们：

除了因为妻子已经犯了淫乱而离婚之外，其他原因的休妻就是造成妻子淫乱。如果是因为妻子淫乱而离婚，那么离婚是淫乱导致的结果。除此之外，其他原因的离婚都会成为造成妻子淫乱的诱因。因为当时女人只能依靠男人生活，一旦被休，她必须再嫁一个男人才能够生存下去，而一旦再嫁就涉及了活着的第三方，于是就构成淫乱。所以，从这个角度看：休一个没有犯淫乱罪的女人，实际上就是逼她不得不犯淫乱罪。

2、婚姻是盟约，不是契约

证明耶稣不是主张"因淫乱就可以离婚并再婚"的另一个确据就是：根据《圣经》，我们的婚姻不是契约，而是盟约。契约的双方都互以对方履约为自己履约或继续履约的前提，契约是有条件的：你交货，我就付款；你违反了条款A，我就选择条款B作为相应的惩罚。而盟约则是无条件履约的，婚姻的盟约是"死约"，任何原因都不能作为违约的理由，即便对方已经违约了。

主耶和华如此说：你这轻看誓言、背弃盟约的，我必照你所行的待你。然而我要追念在你幼年时与你所立的约，也要与你立定永约。（结16:59-60）

如果因为对方犯淫乱罪，就可以离婚并再婚，那么你的离婚与再婚就成了"以牙还牙，以眼还眼"。这样的态度是与耶稣一贯主张的原则大相径庭的。耶稣这样教导我们：

> 你们愿意人怎样待你们，你们也要怎样待人。
>
> （路6:31）

如果你愿意对方忠诚于你，那么你也要忠诚于对方。一般情况下，你怎样待人，人也会怎样待你。但是也有许多时候，你善待人，人却不一定相等的回应你，那又该如何？上帝的心意乃是：即便人不按照你待人的方式待你，你也仍然要按照你愿意人待你的方式待人。婚姻不忠肯定不是我们愿意接受的配偶对待我们的方式，但即便配偶对我们不忠，上帝依然愿意我们以忠诚的态度，对待那个不忠的配偶。从下面的经文我们可以了解到，当婚姻中一方淫乱时，上帝要求另一方应采取什么态度：

> 约西亚王在位的时候，耶和华又对我说："背道的以色列所行的，你看见没有？她上各高山，在各青翠树下行淫。她行这些事以后，我说：'她必归向我。'她却不归向我。她奸诈的妹妹犹大也看见了。背道的以色列行淫，我为这缘故给她休书休她。我看见她奸诈的妹妹犹大还不惧怕，也去行淫。因以色列轻忽了她的淫乱，和石头木头行淫，地就被玷污了。虽有这一切的事，她奸诈的妹妹犹大还不一心归向我，不过是假意归我。这是耶和华说的。"耶和华对我说，背道的以色列比奸诈的犹大还显为义。你去向北方宣告说："耶和华说：

'背道的以色列啊，回来吧！我必不怒目看你们，因为我是慈爱的，我必不永远存怒。这是耶和华说的。只要承认你的罪孽，就是你违背耶和华你的上帝，在各青翠树下，向别神东奔西跑，没有听从我的话。'这是耶和华说的。耶和华说：'背道的儿女啊，回来吧！因为我作你们的丈夫，并且我必将你们从一城取一人，从一族取两人，带到锡安。'"（耶3:6-14）

从以上经文我们可以得到以下几点启示：

"她行这些事以后，我说：'她必归向我。'"——若配偶犯淫乱罪，我们的态度首先应该是尽心竭力去挽回。

"她却不归向我……背道的以色列行淫，我为这缘故给她休书休她。"——如果对方执迷不悟，挽回无效（必须是真诚的挽回，而不是只做做样子），那么无辜的一方可以（但不是必须）离婚。

"犹大还不一心归向我，不过是假意归我……背道的以色列比奸诈的犹大还显为义。"——在上帝的眼中，虚伪的合一比明目张胆的背弃更糟糕。

"回来吧！我必不怒目看你们，只要承认你的罪孽……回来吧！因为我作你们的丈夫……"——只要犯罪的一方真心认罪并且悔改，我们依然要接纳。

耶稣告诉我们，婚姻乃是永约，所以离婚不是上帝的心意。如果再婚的话，就是以牙还牙。《盟约歌》中唱出耶稣的本意："我以永远的爱爱你，聘你永远归我为妻，永以慈爱诚实待你。"一连串的"永"说明这是不变的爱，不会因为你淫乱了我就不爱了。上帝让何西阿赎买回堕落为淫妇的妻子歌篾，所显示的就是这道理。

再者，所有人都是罪人，如果规定淫乱是可以离婚、再婚的，那别有用心的人就一定会有办法满足这个条件，从而达到离婚、再婚的目的。只要有具体的条例摆在那里，人就有钻空子的可能：安摄像头设圈套让配偶钻、找私家侦探查出配偶的过失，或不给配偶性生活，然后再收买一个异性来诱惑配偶出轨……总之能想出各种办法达到使配偶淫乱的目的。

在上帝恩典的时代，人不是靠遵守条例在上帝面前站立的。以色列犯了太多的淫乱罪，但是上帝没有抛弃以色列，而是持守与他们订立的永约。

人们过去只注重《圣经》律法话语表面的意思，但字句让你死，精义让你活。精义是指话语的"灵魂"（the spirit of the word）它揭示话语下面更深层次的意思。我们过去在学习政治文件时常有这样的话，"要深入领会文件的精神实质"，就是这个意思。所以我们不要死抠字句的表面意思，那会使你感到被律法所捆绑、所辖制，而要领会其精神实质"，要抓住其话语的精髓，搞懂其真正的意义是什么。

四、耶稣来是为了成全律法和先知的道理

耶稣来不是要增加新的条例，而是与上帝的子民定下了新约，这个新约不是要废掉律法和先知的道理，而是要成全律法和先知的道理。这是上帝的恩典。

> 莫想我来要废掉律法和先知；我来不是要废掉，乃是要成全。我实在告诉你们，就是到天地都废去了，律法的一点一画也不能废去，都要成全。所以，无论何人废掉这诫命中最小的一条，又教训

> 人这样作，他在天国要称为最小的；但无论何人遵
> 行这诫命，又教训人遵行，他在天国要称为大的。
> 我告诉你们：你们的义若不胜于文士和法利赛人的
> 义，断不能进天国。（太5:17-20）

耶稣要完全律法，难道律法和先知的道理有错误吗？《圣经》中的教导怎么会自相矛盾呢？律法不是有错误，律法其实是为了让人知罪。

这与当时的历史局限性有关。因为在旧约时代，只有先知，人们读不到《圣经》，一般人对上帝没有完整的了解。那个时代，好像是我们的孩童时代。人们对律例只是一个表面的了解，还不能理解这些律例内在的真理。而新约时代有了全备的《圣经》，上帝又赐下圣灵进入凡接受他的人里面来带领他，为的就是要人自己学会辨别、明白什么是上帝善良、纯全、可喜悦的旨意。这就好比，对孩童的管教必须简单易行，有时只要让他们"知其然"就可以，但等孩子长大之后，就必须让他们"知其所以然"。

另外，在先知传达上帝的心意时，难免有不完全符合上帝心意的地方，或者传达内容不够完整的情况。

我们看到，在摩西五经的前四部经书中，多以这样的方式阐述："耶和华说"、"耶和华晓谕摩西说"、"耶和华吩咐摩西说"、"摩西照耶和华所吩咐的一切话告诉以色列人"、"摩西晓谕以色列各支派的首领说：耶和华吩咐的乃是这样"、"都是照耶和华所吩咐摩西的"。但是《申命记》却不是这样，而是摩西向以色列众人所说的话：

> 以下所记的是摩西在约旦河东的旷野，疏弗对
> 面的亚拉巴，就是巴兰、陀弗、拉班、哈洗录、底

撒哈中间，向以色列众人所说的话。（申1:1）

前面四部经书都是耶和华对摩西说，是上帝亲自讲话，第五部《申命记》是在以色列人进入迦南地之前，摩西以领袖的身份向他们陈述律法与约的关系。在解释律法时，他针对以色列人当时的具体情况而采取了应对措施，这是作为管理者对下属现状的一种容忍和无奈之举："摩西因为你们的心硬，所以许你们休妻。"就好像大臣根据王的旨意制定国家宪法，难免有些方面不能完全符合王最初的本意。

所以耶稣纠正说但起初并不是这样，并讲出"上帝配合的，人不可分开"这一上帝的本意。婚姻是"一男一女、一夫一妻、一生一世"的关系，违反这一原则就是犯罪。

目前很多教会对待婚姻的态度，要不就是过于律法主义只给出众多条例，要不就是过于自由主义没有任何约束。很多人都自以为行在上帝的心意当中，殊不知却曲解了上帝的本意，也误导了别人。可见，彻底弄清上帝话语的含义对每个基督徒来说都是至关重要的。

> 从前百姓在利未人祭司职任以下受律法，倘若借这职任能得完全，又何用另外兴起一位祭司，照麦基洗德的等次，不照亚伦的等次呢？祭司的职任既已更改，律法也必须更改。（来7:11-12）

律法的作用是让人知罪，例如让人知道：伤害他人要遭到报应和惩罚，所以人们不做或不敢做伤害别人的事，这是爱的消极方面（或称"消极的爱"），正如孔子说的"己所不欲，勿施于人"。但律法没有指出爱的积极方面（或称"积极的爱"）是什么。只有耶稣道成肉身死在十字架上才向我们显明爱的真谛。

参考《马太福音》第5章的经文，可以了解耶稣如何成全律法，这一章的例子充分体现了律法的精意和字句的区别。律法条例的目的是限制人们外在的行为，而精义的目的却在于改变人们内心的意念。

耶稣成全的律法很多，我们这里只列举两条来大致说明一下他是如何成全的：

例一

你们听见有吩咐古人的话，说："不可杀人"，又说："凡杀人的，难免受审判。"只是我告诉你们：凡向弟兄动怒的，难免受审判。凡骂弟兄是拉加的，难免公会的审断；凡骂弟兄是魔利的，难免地狱的火。所以，你在祭坛上献礼物的时候，若想起弟兄向你怀怨，就把礼物留在坛前，先去同弟兄和好，然后来献礼物。你同告你的对头还在路上，就赶紧与他和息，恐怕他把你送给审判官，审判官交付衙役，你就下在监里了。我实在告诉你，若有一文钱没有还清，你断不能从那里出来。（太5:21-26）

律法说不可杀人，而耶稣指出：当你向别人动怒的时候，就已经"杀人"了。你没杀，是因为你没有权利、没有机会、不敢，但不是不想。有一个故事讲慈禧太后和一个太监下棋，太监说："奴才杀老佛爷一个马。"太后龙颜大怒："什么？你杀我一个马？我杀你全家！"于是，太监的全家遭遇灭顶之灾。你看，只要有权力，人动怒就可以立马杀人。有一次我开车时，右侧一辆车子在没有超车的条件下不打转向灯就强行并线，若不是我反应快，一定会出大事故，我当时真是怒火万丈，一句诅咒"真该死！"脱口而出。圣灵马上告诉我："你杀人了！"我心说："没有啊，我不过就宣泄一下愤怒的情绪而已。"圣灵说："虽然你行为上没有杀，但你刚才恨不得他马上就出点事，让上帝好好教训教训他。"我们在日常生活中常常如此：虽然行为上没有杀一个人，实际上你心里已经杀过很多人了。

例二

你们听见有话说："不可奸淫。"只是我告诉你们：凡看见妇女就动淫念的，这人心里已经与她犯奸淫了。若是你的右眼叫你跌倒，就剜出来丢掉，宁可失去百体中的一体，不叫全身丢在地狱里；若是右手叫你跌倒，就砍下来丢掉，宁可失去百体中的一体，不叫全身下入地狱。（太5:27-30）

人们以为只有与人发生婚外性关系才是淫乱，但是耶稣告诉我们：如果你看到漂亮的女人，脑子里闪过亲近她的念头，你就已经犯了奸淫。你之所以没有做，只是因为没有机会、害怕被拒绝，或怕张扬出来没有面子，但不是不想。为什么大家都爱看电影007，因为他想要哪个女的，就能得到，每一部电影都会换一个女主角，而且都是绝顶美丽的。人们也都喜欢看乾隆皇帝微服私访的故事，因为他看到哪个女人好，就马上随意取来作为嫔妃，而且对方还巴不得。但遗憾的就是：我们既不是007，也不是皇帝，所以只能脑子里动念头而已。在上帝看来，所有的人都犯过淫乱罪了。

我们可以从上面的举例中清楚地看到，耶稣对律法的诠释揭示了比律法更加深刻的含义。

1、对耶稣有关休妻内容的总结

在摩西的时代，人的罪性太强，男人可以肆意休妻。妻子一旦得罪丈夫，他们就可以随意地遣返妻子，但是若没有明确的凭证，被遗弃的女人将无所适从。当时一个孤身女子难以独立生存。嫁人？丈夫又没有明确表示不要她回来。万一丈夫哪天怒气消散，又想念她，召她回去怎么办？

对于这样的局面如果不加以规范，将使被离弃的女人陷入极大的困境。所以摩西针对这个情况不得已做出了妥协：你非要离婚的话，你要给这女的休书，证明她是自由的，使她可以再嫁以另谋生路。

摩西给出"休妻必须给休书"的规定，是出于对被休女人的怜悯，但不是说休妻是对的。

而以色列人将其理解为"我只要给休书就可以休妻"，是出于为自己遮盖淫乱罪的目的。以色列人就按照这个标准来生活了。按这个标准会有什么问题呢？就是他们大大降低了摩西的标准，而摩西的条例已经大大降低了上帝的标准。

耶稣是在纠正摩西条例的不完全：休书在当时是无奈之举，并不代表休妻是对的。罪性使得人们普遍的道德水准不断下降，以至于人们开始理所当然地认为休书就是离婚、再婚的合理标准。而这与上帝设立婚姻的目的大相径庭。上帝所计划的婚姻是永恒的盟约，是成为一体的结合，是不可分开的。而休书实际上是用人的方法来遮盖罪。如果认同这样的标准，那么人们仍然会利用它来肆无忌惮地犯淫乱罪。

有关婚姻的律法指出，婚姻中的性关系如果涉及第三个人就是犯罪，这个条例能不能使我们成圣呢？不能。所以才说"律法原来一无所成"。他知道我们有罪，并且律法不能让我们脱罪，因此只能靠上帝的恩典来到上帝的面前。恩典便是那更美的指望，律法是不能够带我们到达上帝面前的。

耶稣带来了真理，让人们明白上帝最初的心意，理解上帝的标准，并认识真理、因真理而得自由。所以上帝的子民不应以世界的道德标准要求自己，而应以上帝的标准要求自己。即使我们用上帝的心意来要求自己，我们靠自己能不能称义呢？不能。我们不能因为达到某个目标就称义，必须依靠耶稣基督的恩典。

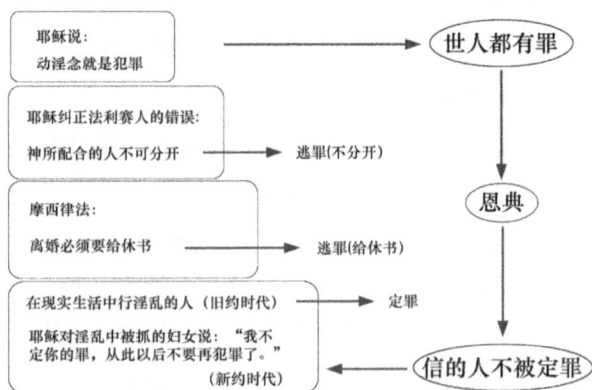

图8

1、按照摩西"休妻要给休书"的律法，那些没有休书（合法文件）而有婚外情的人被定淫乱罪，但那些按照条例合法离婚又再婚的人会认为：我是义人，因为我离婚再婚都是合法的，所以我没有犯淫乱罪。

2、上帝说"凡另娶或再嫁的就是淫乱"，那么"合法再婚"的人也被定罪了。但没有离婚也没婚外性行为的人会认为：我没犯淫乱罪，所以我是义人。

3、上帝说："动淫念就是犯罪！"如此说来，所有人，包括那些牧师、属灵的领袖们、世人眼中最干净的人，都是罪人，因为我们全都动过淫念。

我们不仅要问：耶稣一方面给我们定出如此之高的标准，而另一方面，他为什么又对正在犯淫乱罪的妇人如此大度地说："我也不定你的罪，去吧！从此不要再犯罪了。"（约8:11）这是为什么？

原来，耶稣的真实目的不是告诉我们什么是淫乱罪，而是在告诉我们："因为世人都犯了罪，亏缺了神的荣耀。"（罗3:23）所以人人都需要他的恩典。不管你犯了多少罪，你只要来到上帝的面前，认罪、悔改、信耶稣能救你，以后不再犯罪，你就被赦免了。所以我们需要的是恩典和感恩的心。

耶稣让人明白上帝的心意、上帝的标准，并认清真理，不是公布律法。律法的目的是叫人知罪，但是律法不能遏制人的罪性，所以我们需要恩典。

耶稣的话，把我们所有人都圈在罪中，告诉我们所有人都是罪人，都犯罪了。怎么办呢？靠我们自己不能脱离罪，所以我们都需要恩典。

罪人不能给罪人定罪，惟有上帝有权柄定罪，也有权柄赦罪，若我们意识不到这点，特别是意识不到自己也是罪人时，就容易给别人定罪或论断。

在我做婚姻辅导的最初几年，当有婚姻问题的夫妇来寻求帮助时，我们不知不觉都会有给别人定罪的心态。直到我们经历了极大的磨难以后，才发现自己的心开始变得柔软许多，心中的怜悯开始大过审判。人若不能深刻认识自己的罪性，就永远不可能对他人有真正的怜悯。因此说"先前的条例，软弱无益，所以废掉了"，如果律法"一无所成"的话，就更加证明，耶稣绝对不是给出"可以不可以离婚"这个条例，而是给出更美的指望。人是否能来到上帝面前，不是靠自己是否遵守律法，而是靠耶稣给出的指望——上帝的真理与恩典。

为了深入探讨离婚、再婚问题，理解上帝对此问题的心意和人对此应持有的态度，我们需要结合律法、真理、恩典这三个概念来对比分析。

从律法、真理、恩典的关系探讨基督徒离婚、再婚的问题

一、《圣经》关于离婚、再婚的经文及启示

我们从《圣经》中有关离婚、再婚的阐述能得到哪些启示呢？

> 至于那已经嫁娶的，我吩咐他们，其实不是我吩咐，乃是主吩咐说："妻子不可离开丈夫，若是离开了，不可再嫁，或是仍同丈夫和好。丈夫也不可离弃妻子。"我对其余的人说，不是主说，倘若某弟兄有不信的妻子，妻子也情愿和他同住，他就不要离弃妻子；妻子有不信的丈夫，丈夫也情愿和她同住，她就不要离弃丈夫。因为不信的丈夫就因着妻子成了圣洁，并且不信的妻子就因着丈夫成了

圣洁。不然，你们的儿女就不洁净，但如今他们是
圣洁的了。倘若那不信的人要离去，就由他离去吧！
无论是弟兄，是姐妹，遇着这样的事都不必拘束。上
帝召我们原是要我们和睦。（林前7:10-15）

从以上经文中我们可以得到以下启示：

1．一个已婚的基督徒不应该（不是不允许）寻求以离婚
的方式来解决夫妻的矛盾冲突，那实际上是一种消极逃避的
态度。如果已经离婚，两个人都应该保持单身或争取破镜重
圆，因为这是生命更新的明证。

2．如果是因为信仰的问题，信的一方也不应主动提出分
手。上帝要我们尽力用新生命去带动并影响那不信的配偶。我们
既然要学习爱自己的敌人，就更要学会爱自己那不可爱的配偶。

3．家庭的稳定对孩子的健康成长十分重要，夫妻离异会
给孩子的心灵带来极大的伤害并大大影响儿女未来的婚姻状
况。所以仅仅从儿女的角度考虑，为了他们能够有一个圣洁
的生活环境，也应尽力保护婚姻而不要轻易离婚。

4．但是若不信的一方执意要走，也不必强行阻止。

那么，被遗弃的一方可否再婚？一种看法认为：被不
信的配偶离弃的一方，如果不允许再婚，那么就是受"拘
束"。但是历史上更多的保守神学家认为：如果一个不信的
丈夫与妻子离婚，虽然她不受丈夫的约束，但是仍然受上帝
律法的约束，所以她的目标应该是复婚或者终生独身。

目前教会中越来越多的基督徒都面临这样的问题：婚
姻中的一方对自己的配偶犯了极其严重的错误以至于大大超
出了对方能够忍受的程度，那么，另一方可否离婚并且再婚
呢？对于这样的问题，有时候容易判断，有时却是很难定

夺，不可能简单地说行或不行。

所以，我们要从律法、真理以及恩典之间的关系，来深入探讨，理解和明白上帝的心意。

二、弄清律法、真理和恩典的关系

1、律法与恩典

首先我们都要承认：《圣经》向我们揭示的上帝的律例、诫命、典章、法度是我们前进的指南。没有这些规矩人们就不知道当怎样行。

> 没有异象，民就放肆，惟遵守律法的，便为有
> 福。（箴29:18）
> 我们都如羊走迷，各人偏行己路。（赛53:6上）
> 凡犯罪的，就是违背律法；违背律法，就是
> 罪。（约壹3:4）

然而律法和恩典是不可分的：因为律法把我们限制在与上帝的法律关系上，即，你做对了我就爱你，做的不对不就修理你。但是，我们没有一个人可以完全做对，所以都需要恩典。

> 所以凡有血气的，没有一个因行律法能在上帝
> 面前称义，因为律法本是叫人知罪。（罗3:20）

对我们自己来说：没有恩典的律法，给我们带来罪恶感、忧虑、愤怒和其他痛苦的情绪；但没有律法的恩典，使

人感受到爱，却失去前进的方向。

对他人来说：有律法而没有恩典会导致论断；有恩典而没有律法会导致放纵。

2、律法与真理

> 你们明显是基督的信，借着我们修成的。不是用墨写的，乃是用永生神的灵写的。不是写在石版上，乃是写在心版上。（林后3:3）

· 律法是刻在石板上的，而真理是要刻在心版上的；

· 律法注重做事的结果，而真理是注重动机和目的；

· 律法注重外在的表现，而真理注重内在的品格；

· 律法的"字句"使人死，而真理的"精意"使人活；

· 律法使人越来越会钻空子，而真理要弄清上帝的本意，了解上帝的爱，并全身心地去爱上帝。

要判断自己的态度和做法是出于律法还是出于真理，一个明显的标准就在于：它是使人感到上帝的公义和慈爱，并且更加亲近上帝；还是感到上帝的可怕而疏远上帝。

例如：如果把妻子顺服丈夫当成律法，它会给妻子带来压抑、愤怒情绪以及不情愿和不负责任的盲从。如果明白顺服的奥秘，即可以有遮盖、得到更多的爱和保护以及上帝给二人关系的祝福，那么人就会心甘情愿地去行。我们的上帝不仅是圣洁、公义的，也是慈爱和怜悯的。我们需要上帝的怜悯和恩典。那真理和恩典之间又是什么关系呢？

3、真理与恩典

旧约时代的人们活在律法之下，是耶稣基督给我们带来了真理和恩典。

> 律法本是借着摩西传的，恩典和真理都是由耶稣基督来的。（约1:17）

这段经文强调指出：旧约时代是律法的时代，律法都是上帝通过摩西来传达的；而新约时代是恩典的时代，耶稣带给人们恩典，同时还带给我们真理。

> 道成了肉身，住在我们中间，充充满满地有恩典，有真理。我们也见过他的荣光，正是父独生子的荣光。（约1:14）

耶稣道成肉身带来的是充充满满的"恩典"与"真理"，而不是充充满满的"律法"。对于某些人们没有理解透彻的律法，基督来为我们做出完整的诠释，讲出其中更深层的含义——真理。真理是比律法更加难以做到的，但真理的目的是为了让人更加看到自己的浅薄、认清自己的罪性以及罪的后果，更明白人根本没有可能靠自己的努力逃离末日的审判而得救，惟有仰望依靠上帝的恩典才能得救。

4、我们要以爱心去面对别人，因为命令的总归就是爱

> 但命令的总归就是爱，这爱是从清洁的心和无亏的良心、无伪的信心生出来的。（提前1:5）

上帝让我们的爱里要包含如下三个内容：

第一是清洁的心，这意味着我们"做事的动机"必须纯正。动机就是行为的源头，只有源头清洁，后面的结果才可能是好的，否则无论怎么行动都不可能有合上帝心意的结果。

第二是无亏的良心，这意味着我们做事的方法和过程不可亏欠别人，否则会使自己的良心受损并失去内心的平安。

第三是无伪的信心，这意味着在合乎上帝心意的动机引导下，采取富有爱心的行动之后，能完全将尚未看到的"结果"交托给上帝，相信他必在此事上彰显他的荣耀。

> 因为全律法都包在"爱人如己"这一句话之内了。（加5:14）
>
> 经上记着说："要爱人如己。"你们若全守这至尊的律法，才是好的。（雅2:8）

律法的总纲就是爱，爱是最高的律法：虽然我们知道这一道理，为什么身边还是免不了论断的声音？我们因为自己的良好表现而得到一些荣耀的时候，常常会对表现不如自己的人受到同样的对待而产生不平衡的心态，实际就是嫉妒。而嫉妒之心实际是出于对恩典的一知半解。我们的上帝实在是了解我们，《圣经》中的许多比喻也揭示了这一现象：

> 因为天国好像家主清早出去，雇人进他的葡萄园作工，和工人讲定一天一钱银子，就打发他们进葡萄园去。约在巳初出去，看见市上还有闲站的人，就对他们说："你们也进葡萄园去。所当给的，我必给你们。"他们也进去了。约在午正和申

初又出去，也是这样行。约在酉初出去，看见还有人站在那里，就问他们说："你们为什么整天在这里闲站呢？"他们说："因为没有人雇我们。"他说："你们也进葡萄园去。"到了晚上，园主对管事的说："叫工人都来，给他们工钱，从后来的起，到先来的为止。"约在酉初雇的人来了，各人得了一钱银子。及至那先雇的来了，他们以为必要多得；谁知也是各得一钱。他们得了，就埋怨家主说："我们整天劳苦受热，那后来的只做了一小时，你竟叫他们和我们一样吗？"家主回答其中的一人说："朋友，我不亏负你。你与我讲定的，不是一钱银子吗？拿你的走吧！我给那后来的和给你一样，这是我愿意的。我的东西难道不可随我的意思用吗？因为我作好人，你就红了眼吗？"这样，那在后的将要在前；在前的将要在后了。（太20:1—16）

我们都是罪人，但只要接受基督，上帝所给予我们的救恩是一样的。但是当我们看到比我们更加有罪的人得到和我们一样的恩典时，往往觉得委屈，或者觉得别人不配享有与我们同样的待遇。于是就容易对别人产生论断，将已经得救的弟兄姊妹分成三六九等。这种自认为比别人好的态度，会招来上帝的愤怒，因为上帝厌恶自义的人：

且对人说："你站开吧！不要挨近我，因为我比你圣洁。"主说："这些人是我鼻中的烟，是整天烧着的火。"（赛65:5）

你生过灶火吗？当你往灶里推送柴草时，火和烟有时会突然从炉灶里面窜出来，逼得你不得不赶快掩面躲闪，或捏紧鼻孔跑开。上帝说：我厌恶那些自义的人就如同这个样子。

5、在离婚与再婚的问题上，任何人无权论断和审判

> 你这个人，为什么论断弟兄呢？又为什么轻看弟兄呢？因我们都要站在上帝的台前。经上写着："主说，'我凭着我的永生起誓，万膝必向我跪拜，万口必向我承认。'"这样看来，我们各人必要将自己的事在上帝面前说明。所以我们不可再彼此论断，宁可定意，谁也不给弟兄放下绊脚跌人之物。（罗14:10-13）
>
> 你是谁，竟论断别人的仆人呢？他或站住，或跌倒，自有他的主人在；而且他也必要站住，因为主能使他站住。（罗14:4）

我们可以带人到上帝面前来认罪悔改，帮助他与上帝建立个人的关系，而不是让他听从别人怎么说。我们不能替代上帝来实行判断，我们也无权代上帝施行审判和定罪，因为这是他与上帝个人之间的事。

> 若有疑心而吃的，就必有罪。因为他吃，不是出于信心；凡不出于信心的都是罪。（罗14:23）

若一个人所做的选择是被迫的，不管离婚与否，这样的选择就不是出于信心，这对于他灵命的长进也没有任何意义。

人最爱犯的罪就是想充当上帝，施行审判，但在旧约中，上帝已经通过很多事例来告诉我们：审判在他，报应也在他。我们看看《民数记》里疑妻不贞的解决方法，如何将裁决主权交托给上帝：

耶和华对摩西说："你晓谕以色列人说：人的妻若有邪行得罪她丈夫，有人与她行淫，事情严密瞒过她丈夫，而且她被玷污没有作见证的人，当她行淫的时候也没有被捉住，她丈夫生了疑恨的心，疑恨她，她是被玷污；或是她丈夫生了疑恨的心，疑恨她，她并没有被玷污。这人就要将妻送到祭司那里，又为她带着大麦面伊法十分之一作供物，不可浇上油，也不可加上乳香，因为这是疑恨的素祭，是思念的素祭，使人思念罪孽。祭司要使那妇人近前来，站在耶和华面前。祭司要把圣水盛在瓦器里，又从帐幕的地上取点尘土放在水中。祭司要叫那妇人蓬头散发，站在耶和华面前，把思念的素祭，就是疑恨的素祭，放在她手中。祭司手里拿着致咒诅的苦水，要叫妇人起誓，对她说：若没有人与你行淫，也未曾背着丈夫作污秽的事，你就免受这致咒诅苦水的灾。你若背着丈夫，行了污秽的事，在你丈夫以外有人与你行淫，（祭司叫妇人发咒起誓），愿耶和华叫你大腿消瘦，肚腹发胀，使你在你民中被人咒诅，成了誓语。并且这致咒诅的水入你的肠中，要叫你的肚腹发胀，大腿消瘦。妇人要回答说：'阿们！阿们！'祭司要写这咒诅的话，将所写的字抹在苦水里，又叫妇人喝这致咒

诅的苦水，这水要进入她里面变苦了。祭司要从妇
人的手中取那疑恨的素祭，在耶和华面前摇一摇，
拿到坛前。又要从素祭中取出一把，作为这事的记
念，烧在坛上，然后叫妇人喝这水。叫她喝了以
后，她若被玷污得罪了丈夫，这致咒诅的水必进入她
里面变苦了，她的肚腹就要发胀，大腿就要消瘦，那
妇人便要在他民中被人咒诅；若妇人没有被玷污，却
是清洁的，就要免受这灾，且要怀孕。妻子背着丈夫
行了污秽的事，或是人生了疑恨的心，疑恨他的妻，
就有这疑恨的条例。那时他要叫妇人站在耶和华面
前，祭司要在她身上照这条例而行，男人就为无罪，
妇人必担当自己的罪孽。"（民5:11-31）

仔细阅读此段经文，结合多年来婚姻辅导的经验，我
不得不感叹上帝的智慧。这一做法不是什么迷信或心理学测
试。我们知道在旧约时代，按照当时的习俗，男人是有权随
意处置自己的妻子的，当一个男人怀疑对方而又没有真凭实
据时，若由人自己裁决的话，猜疑和嫉妒心都可能让他随意
处置妻子，从而造成许多冤假错案。而上帝却使用这样的方
式拿走男人在疑妻不贞时的处置权，交由上帝来亲自审判。
此举使事情的发展和结果都成了上帝与当事人之间的事情。
若当事人没有不贞行为便能坦然无惧地面对上帝，若确有过
失但懊悔莫及，并在上帝面前有真诚悔改的心，我想她也必
蒙上帝的怜悯而被遮盖；若确是本性污秽淫乱之人，犯了罪
还起假誓，上帝自然会从她身体上将这罪显露出来，让她承
受羞辱。

　　二月十四日，宰了逾越节的羊羔。祭司与利未人觉得惭愧，就洁净自己，把燔祭奉到耶和华殿中。遵着神人摩西的律法，照例站在自己的地方，祭司从利未人手里接过血来，洒在坛上。会中有许多人尚未自洁，所以利未人为一切不洁之人宰逾越节的羊羔，使他们在耶和华面前成为圣洁。以法莲、玛拿西、以萨迦、西布伦，有许多人尚未自洁，他们却也吃逾越节的羊羔，不合所记录的定例。希西家为他们祷告说："凡专心寻求神，就是耶和华他列祖之神的，虽不照着圣所洁净之礼自洁，求至善的耶和华也饶恕他。"耶和华垂听希西家的祷告，就饶恕（原文作"医治"）百姓。在耶路撒冷的以色列人，大大喜乐，守除酵节七日。利未人和祭司用响亮的乐器，日日颂赞耶和华。（代下30:15—21）

　　上帝对于以色列人过逾越节献祭时洁净的要求是十分严格的，而且不洁净的人绝对不可以吃逾越节所宰杀的羊羔。但是以色列人离开上帝的日子太久了，以至于当他们开始认罪悔改并转向耶和华神的时候，其中很多人都已经是劣迹斑斑，罪恶深重，按照以往传统的定例，这些人都没有资格吃祭肉。但是，希西家王深知至善上帝的性情和心思，他为这些虽然行为上不合定例、不够资格，但是内心已经开始专心寻求上帝的罪人们祷告，求上帝对这些"不配之人"施以怜悯和恩典。结果，耶和华垂听希西家的祷告，就饶恕百姓。

　　这段经文启示我们，上帝对今天那些已经性不洁，但是认识到自己的罪恶并且立志悔改、渴望进入一个全新的圣洁婚姻的人，是有怜悯并且给恩典的。连旧约时代的希西家王都如此了解上帝的至善品格，而宽容有过犯的人，我们活在恩典时代，并且有新约已将上帝"恩典永远大于过犯"的道理明明白白指示给我们了，难道我们还总是审判他人而没有怜悯吗？

现实生活中处理离婚、再婚问题的建议

一、对待离婚、再婚问题，不要增加新的律法条例

> 因为上帝差他的儿子降世，不是要定世人的罪，乃是要叫世人因他得救。信他的人，不被定罪；不信的人，罪已经定了，因为他不信上帝独生子的名。（约3:17–18）

对待信徒面临的离婚与再婚问题，我建议教会不要再增加新的律法条例，比如：

· 什么样的的情况可以（或不可以）离婚或再婚；

· 问题严重到什么程度可以（或不可以）离婚或再婚；

· 犯过什么样的罪不可以在教会的殿堂办婚礼，举办婚礼时不可以有什么样的待遇等。

> 因为那不怜悯人的，也要受无怜悯的审判，怜悯原是向审判夸胜。（雅2:13）

保守自己常在上帝的爱中，仰望我们主耶稣基督的怜悯，直到永生。有些人存疑心，你们要怜悯他们。（犹21-22）

这些经文的意思很明确，我们既要坚固自己在真理上的信心，保守自己常在上帝的爱里面，又要怜悯那些在真理上信心软弱的人。真理的标准是上帝对我们而发的要求，上帝没有让我们以真理的标准去要求和对待他人。上帝让我们存怜悯的心，要担待他人信心的软弱。

你有信心，就当在上帝面前守着。人在自己以为可行的事上能不自责，就有福了。（罗14:22）

我们应该清楚，《圣经》上的话都是对我们自己说的，当我们明白了上帝的话语就要努力按照上帝的话去做，同时也教导并影响他人这样去行，这就是信心；但是如果只是用这些话要求别人必须这样做，自己却不去行，那就成了律法。很多人常常喜欢用《圣经》教导别人，而自己不接受《圣经》的教导。

我常常问我的听众：上帝要不要我们教导孩子孝敬父母？大家往往都异口同声地回答："要！"回答完全错了！你认真研读《圣经》就会发现：其实，上帝从来没有让我们教导孩子要孝敬父母。教导自己的孩子孝敬父母，不就是孝敬你自己吗？上帝说："你们各人都当孝敬父母。"（利19:3）就是说：你自己要孝敬父母；你不用教导孩子孝敬父母，他长大了就会效法你的榜样，跟从你的脚踪行事。然而我们常常看到的是：人不孝敬自己的父母，却十分热衷于教导自己的孩子要孝敬父母。

同样，做儿女的最喜欢的《圣经》教导是：

你们作父亲的，不要惹儿女的气。（弗6:4）

做丈夫最喜欢的《圣经》教导是：

你们做妻子的要顺服你们的丈夫。（彼前3:1）

做妻子的最喜欢的《圣经》教导是：

你们做丈夫的，要爱你们的妻子，正如基督爱教会，为教会舍己。（弗5:25）

似乎人人都喜欢《圣经》对别人的教导。

正 ✅

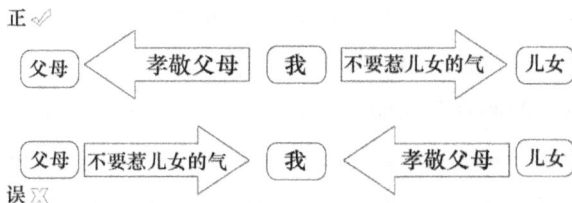

图9

二、对待离婚、再婚问题要讲真理并给恩典

我们也都应明白，上帝原本的计划是不包括离婚的，他希望我们夫妻终生相守。但人是有罪的，所以婚姻的关系常常受到破坏。破坏婚姻的罪主要有淫乱或其他的性不忠，如：同性恋、滥交、长期心理淫乱、不接触自己的配偶、拒绝尽自己婚姻的责任、身体或精神上的虐待等等。

首先，我们知道上帝对这些无辜受屈的人是有怜悯的。

> 耶和华施行公义，为一切受屈的人申冤。（诗
> 103:6）

我们的上帝是查验人心的，他知道婚姻里的情况。那真正受屈的一方，应当明白上帝的公义和审判。他不让我们自己申冤，他告诫我们：

> 亲爱的弟兄，不要自己申冤，宁可让步，听凭主怒。因为经上记着："主说，申冤在我。我必报应。"（罗12:19）

他会为一切受屈的人申冤。

作为人，我们很难判断一件事的真实情况。

毕竟婚姻是两个人的事情，正所谓"清官难断家务事"、"公说公有理，婆说婆有理"，夫妻双方常常指出的都是对方的问题却很难反省自己。二人之外的其他人很难判断其中的真实原由，因此也不可轻易论断，并告诉夫妻双方"能"或"不能"离婚或再婚，只可给出积极的建议。

离婚并再婚，是上帝不喜悦的，但是面对这些情况：丈夫或妻子是同性恋、长期的身体或心理淫乱、不接触配偶、经常性地家庭暴力……这些都是常人的心理和肉体难以承受的，怎么办？

我们是否能总结出具体的条例来，告诉人们属于某类情况就可以离婚呢？婚姻中的情况很复杂，许多因素是我们很难明白的。我们不能简单根据我们眼看到的，来判断什么是构成离婚的条件，这是上帝的事情。

有的教会规定：如果出现家庭暴力，就可以离婚了。因为若不允许离婚，一旦打出人命谁来承担责任？但是否想

到：你要简单地给出标准说"家庭暴力就可以离婚"，那就很有可能使得一方故意用尖刻的言语去激怒本来就脾气暴躁的另一方：

"我看你敢动我一下试试！"

"你打吧，今天你打不死我，你就不是人！"

——我的目的就是要你动手，只要你在我身上留下暴力的印记，我就有了离婚的充分理由。

其实在家庭暴力中一定是夫妻双方都负有责任。因为只要弱势的一方采取《圣经》中"有人打你这边的脸，连那边的脸也由他打。有人夺你的外衣，连里衣也由他拿去"（路6:29）的原则来对待，就会逐渐减弱暴力所带来的伤害，甚至完全平息对方的怒气。

如果你给出"淫乱罪就可以离婚"的条例的话，那么恨恶配偶的人就有可能故意长时间不给对方性生活，并可能设法使其常常面对巨大的性试探，诱使其犯罪，从而达到离婚的目的。

某教会有一对夫妻打得不可开交，大家一致认为主要责任在于丈夫。因为妻子是信主的，丈夫不信主；姊妹看起来也非常温和，丈夫总是找妻子的不是。教会的带领人希望我做些工作。于是我就找丈夫谈。经过长时间的疏导，丈夫终于开口道出缘由。

他说刚刚结婚的时候，很爱自己的妻子，而且很宠她。家中的大事往往都是妻子做主。但多年前的一段经历大大伤害了他的心。刚结婚不久，丈夫一个大学同学要到这个城市来出差，想在他家住两天，顺便叙叙旧。丈夫请示妻子，而妻子死活不同意，说家里不方便，让他出去住宾馆。丈夫说既然同学开了口，无论如何也要到家里住，俩人争执不下，就打起来了，闹得都不愉快。最后丈夫问：给他租酒店，但到家里吃顿饭还可以吧？妻子总算同意了。可是当同学到了家里，这做妻子的马上眼睛一亮，一反以前冷淡的态度而变得异常热情，而且亲自下厨，做了拿手好菜。席间妻子频频敬酒，欢声笑语不断，而丈夫却面色阴沉一言不发。吃过饭，丈夫对同学说："我已租好宾馆房间，我带你过去。"这时妻子却说："老同学多年不见，还不好好唠唠？别让他住旅店了，就住家里吧！"这事虽然就这么过去了，但丈夫心里结了一个疙瘩，其中原委不言自明。从那以后开始对妻子百般刁难。

丈夫言罢，妻子反驳道："您看，是他非要客人在家里住，不同意他就变脸。我由着他留人家住了，他还变脸。我成了受气包了，怎么做都不对，还让不让人活了？"丈夫气得脸铁青，憋得一句话也说不出来。我知道若不是当着我的面，丈夫又非动手不可。

我举这个例子就是告诉你，有时候婚姻里面的事情很复杂，你不能只看表面现象，其中的奥秘只有他们二人和上帝知道。

有一对夫妇，丈夫犯了淫乱罪，还把与人淫乱的照片给妻子看，说："我就喜欢这样的……"这个妻子多次找我做辅导。我说："姊妹，虽然你请我做辅导，但是我真的很佩服你！如果是我遇到这样淫乱的配偶，我都不知道能不能像你这样委身。"

但后来我发现了问题。这个姊妹不与丈夫离婚不是因为她对婚姻的委身，而是考虑到以下几个方面：

·儿子不能没有父亲。

·自己到了这个"当不当正不正"的年龄，离婚再找也不容易，而且也不一定能找到比他更好的。

· 丈夫很有钱，只要不和他离婚，他就得供养我和孩子，我们还能过上衣食无忧的日子。我自己没什么本事，找工作也不容易，万一生活断了炊，我怎么养活这个孩子？以后儿子娶媳妇都没钱。

· 再说了，我丈夫这么无情无义对待我，我要跟他离婚就等于给他自由，他就更合适了，那不就便宜他了。哼！我誓死不跟他离婚！让他得自由？没门！我耗也要耗死他！

你看，如果不离婚的原因是出于恨，是"我不好，你也别想好"的心态，这样的坚持是好的吗？

大家不要看表面的现象，因为只有耶稣基督知道真实的情况。我们不能肯定地为他人做出能否离婚、再婚的判断。很多人到教会牧者这里来，都会将事态描述得很严重，告诉你对方许多的罪行，然后让你说够不够离婚的条件。牧者绝不能扮演这样的角色。我们所做的一切就是讲耶稣基督关于婚姻的真理，不给对方定罪，同时又以恩慈怜悯的心来陪伴他们。他怎么选择那是他自己跟上帝的事情，如果他不是出于信心而是被迫做出决定，他就很难有生命的成长。

所以，我们不用罗列条例来阻止离婚，因为这些条例都不能改变人的罪性并阻止人犯罪。但我们仍可以有一些基本的劝告：

① 离婚一定是夫妻在世人面前彼此告状，而作为基督徒不应该让"不义"的人来审判：

> 你们中间有彼此相争的事，怎敢在不义的人面前求审，不在圣徒面前求审呢？岂不知圣徒要审判世界吗？若世界为你们所审，难道你们不配审判这

最小的事吗？岂不知我们要审判天使吗？何况今生
的事呢？既是这样，你们若有今生的事当审判，是
派教会所轻看的人审判吗？（林前6:1-4）

② 离婚不是解决婚姻问题的正确途径，是不讨上帝喜悦
的事情，更不是好的见证，所以应该尽可能在教会内部解决
问题。而且离婚实际是双方都觉得自己受了委屈，而又不情
愿这样继续吃亏下去，所以才要采取的一种自我保护措施。

我说这话是要叫你们羞耻。难道你们中间没
有一个智慧人能审断弟兄们的事吗？你们竟是弟
兄与弟兄告状，而且告在不信主的人面前。你们
彼此告状，这已经是你们的大错了。为什么不情愿
受欺呢？为什么不情愿吃亏呢？你们倒是欺压人、
亏负人，况且所欺压、所亏负的就是弟兄。（林前
6:5-8）

③离婚常常是考虑个人的幸福过于自己的责任。就像我
们在第四章最后部分所讨论的：上帝希望我们像路得那样，
看重自己的责任优先于看重个人的幸福（那么上帝就会赐给
我们更大的福分），而不是靠自己的能力和手段，用人的办
法去争取所谓的个人幸福。

1、建议当事人按圣灵的带领自己做决定

若有疑心而吃的，就必有罪。因为他吃，不是
出于信心；凡不出于信心的都有罪。（罗14:23）

葛尼斯（Os Guinness）在《一生的呼召》一书中曾经说过："耶稣的追随者所要做的一切，就是确保他的顺从、追随和爱都完全是自发的、不假思索的。"

旧约时代，上帝要求以色列人在祭坛上所献的祭都是出于心甘情愿，而不是被逼无奈，因为后者即使献上也是白献的。

> 你有信心，就当在上帝面前守着。人在自己以
> 为可行的事上能不自责，就有福了。（罗14:22）

人在自以为可行的事上能不自责，就会坦然无惧地来到上帝面前，就不会怕人说三道四，行事也坚定。很多信徒行事是在讨人的喜悦，而不是讨上帝的喜悦。他不是不想离婚，而是不敢离婚，因为一旦离婚，会遭到大家的指责，自己就感觉没法在这个圈子里待了，也没有地方接纳自己了。所以对我们自己来说，要用信心在上帝面前守着，在自以为可行的事上，能不自责就是有福的。因为上帝的灵在我们里面，若行事不讨上帝喜悦，圣灵会责备我们。

上帝要我们每个信徒单独地与他建立个人的关系，向他交账，对他负责，只做给他看，而不需要基督之外的任何"中保"。但我们现在很多教会的弟兄姊妹，常把牧者、带领人作为基督之外的"中保"。一遇到问题，就开始找牧者作离婚还是不离婚的决定。找牧者是对的，因为牧者可以帮助我们理清思路，指明方向，但是决定还是应该自己做。学习与上帝建立个人单独的关系，学习倾听圣灵的声音，圣灵会借着心里的平安带领你，在基督里给你平安的确据。就像我，十多年前一直不想直接面对上帝，我想我有什么资格面对上帝啊，最好我和上帝中间有一个人，来做我属灵的父

亲，告诉我凡事怎么做就好了。因为我不认为自己能够直接明白上帝的心意。我当时没有意识到，其实我是希望能够抓到一个看得见摸得着的"上帝"。

如果说我们年幼时需要爸爸来带领我们走路是可以的，长大了还想凡事要爸爸带着，那就不对了。同样的意思：我们在进入信仰的初期确实需要一个属灵的父亲来带领我们成长。但是，我们必须要自己长大成熟，在信仰上也要逐渐学会"离开父母"，不能总是像小孩子。

那时我遇到难以解决的问题，都会问我的导师该怎么办。导师会给我一些教导，然后帮我分析，最后建议我当如何行事。我认为导师的意思一定不会错，我只要照做就好。

有一次我有个重大的决定，导师的态度与我的看法有很大分歧。我起先就想按照他的意思去做，可心里总是很纠结。但是要不要坚持自己的想法，我又不太确定。随后的一段时间里，我夜夜都睡不着觉。那滋味真太痛苦了！最后我想，豁出去了，照以斯帖的那句话说："要我死就死吧！"我决心坚持自己的想法，因为我盼望能够入睡。我开始祷告，将自己的想法告诉上帝：我要按照自己的想法行事了，理由很简单——因为我想睡觉。当我以"奉主基督耶稣的名求"结束祷告后，便一头栽到枕头上"人事不省"地睡着了。第二天醒来，妻子说我昨晚睡得好死。我也自觉一扫往日的疲惫而精力充沛。更重要的是：问题虽然还没有解决，挑战还在那，但是我一点也不害怕了，心里充满喜乐和平安。我就是从那时候起"断奶"了。从那以后，我才明白什么是"真平安"，也开始逐渐学会如何借着心中的平安来判别自己是否行在上帝的心意当中。

后来每当别人问我怎么能确定上帝与你同在时，我就回答说：我自己的体会就是，你祷告之后能够"安然睡觉"！因为《圣经》说："惟有耶和华所亲爱的，必叫他安然睡觉。"（诗127:2下）我自己也非常确信这一点。多年来，我真的很惊奇自己常常是一觉睡到天亮，夜里很少做梦。遇到极难做决定的事情，也是祷告完了倒头便睡。我觉得基督就在我身边。

耶稣是我们的救主，也是我们生命的主宰，婚姻又是你自己的终身大事，如此重大的事情怎么能不征求耶稣的意见就擅自做主，或者由他人来定夺呢？任何人都无权代上帝来实行审判。

> 凡事都可行，但不都有益处；凡事都可行，但不都造就人。无论何人，不要求自己的益处，乃要求别人的益处。（林前10:23-24）

在恩典的时代，我们都是有自由的，没有律法的限制。上帝看重的是我们做事的动机：你如此行，是为求自己的益处，还是求别人的益处？

亚伯拉罕说撒拉是他的妹妹，虽然没有撒谎，但说的只是部分事实，而且动机是为了保护自己。这就是他的软弱和亏欠。

我的童年是一个饥荒的年代，妈妈为了爸爸和我们五个孩子，一旦食物短缺，只吃一点儿就说自己吃饱了。每当家里偶然有好吃的东西，看到一个个望眼欲穿的孩子，她就说自己不爱吃。妈妈在撒谎，但她是为了爱我们。所以，这样出于"爱"的事是"没有律法禁止的"。

保罗既然说"凡事都可行"，那么"凡事"包不包括离婚？当然包括。如果不包括，保罗就会说："除了离婚以外，凡事都可行。"

那么看看下面的两种情况：

在面对极度迫害的情况下，丈夫为了保护妻子和家人，为避免他们受到自己的连累，牺牲个人的利益而要求离婚。因担心妻子宁可与自己同赴黄泉也坚决不离，丈夫又不能明说离婚的动机，所以不得不违心地告诉她："我从来没有爱过你，你走吧！"最后妻子虽伤心离去却免受牵连。

反之，如前面所提到的那个例子：誓死不离婚是出于怨恨，"我不好你也别想好，我离婚给你自由就便宜你了！我不能饶了你。我要让你每天生活在罪恶感之中。"

表面看来前者是坚决要离婚，而后者是坚决不离婚，但你说这两种选择所彰显出的人的品格，哪个会讨上帝喜悦？毫无疑问是前者。所以不能简单地用离没离婚来论断人。

你在决定是否离婚之前所要考虑的是：这样做是为了自己的益处还是为了对方的益处？对家庭的其他成员有益还是有损？我相信目前绝大多数离婚的人都是为着自己的利益，逃避责任。

有的婚姻辅导员在劝因配偶不忠而准备放弃婚姻的一方时说："你们夫妻共同努力多年才有了今天的光景，如果你撤离，就等于拱手把成果让给他和他的小三，这样太傻了！多不划算！所以即使对方出轨也不能轻言离婚，要努力胜过小三，把配偶争取回来。"这样的劝说看上去是在帮助人和好，但实际上，还是出于自私的目的，是求自己的益处。你继续"爱"对方的目的在于保住自己的利益，不能吃亏。那么你可以坚持投入一段时间甚或是更长时间，但是却绝对不可能是"永不止息"。因为一旦你发现最终不能赢回自己所要的，你就会比先前更加感到委屈，继而开始愤怒甚至加倍厌恶对方，并可能会将怨恨转向上帝。

当我妻子的病情长时间不能改善的时候，我的心灵和肉体受到极大的折磨。许多弟兄姊妹都跟我说：你要恒切地祷告，上帝必医治你妻子。你们想，我就是一个传道人，我总是给别人讲祷告的重要性。而且我还是一个专讲婚姻的传道人，充满痛苦而"不美好"的婚姻生活状况（尽管不是因为夫妻争斗，而是因为患病）将给我的声誉带来什么样的影响，我当然是最清楚不过的了。在这样的窘境下，难道我自己不知道为妻子迫切祷告吗？我比任何人都迫切地祷告，期盼上帝能够医治我的妻子，以使我们早日脱离这个苦海。但上帝始终没有改善我妻子的状况，而且她的病情有加重的趋势。我看到妻子非常痛苦，又无可奈何，在不得已的情况下，甚至求上帝让我分担妻子的病痛，以使我能体验一下她的感受。我做完这个祷告之后，真的连自己都很为自己的"义举"所感动。感动之余，我又向上帝进一步表示：自己愿意像基督代替我们受鞭伤一样，代替我妻子来承受这个痛苦。凡基督徒都知道，这样的祷告可不是开玩笑的事情。当我告诉妻子我已经为她如此求告上帝时，她无语地用手抚摸我的头表示对我的赞许。我当时似乎十分确信：上帝就是在等我的这个祷告。等我有了这样大义凛然的祷告，就说明上帝要我活出他的生命所需要学习的功课结束了。我可以圆满毕业，痛苦即将过去。可是，即使做过如此属灵的祷告，妻子的病情还是没有明显改善的迹象。我心里为此充满困惑，并且深感委屈。有一次我祷告时，上帝问我，"如果我不医治你妻子，此病伴随她终生，你还爱不爱她？"我听了很痛苦，但是还是跟上帝说："我还爱她！"上帝接着又问我："如果我不医治她的话，你还爱不爱我？"忽然，我就被圣灵所充满，霎时热泪盈眶，我说："我爱。不管情况怎样，我对你的爱不会改变！"接着，上帝又让我想到了保罗身上的那根刺。上帝让我知道，保罗的那根刺要比我的刺更痛苦，但是保罗也只求了三次，就学会了顺服。所以，上帝对我说："你的需要我都知道，你也不用再苦苦为这件事祷告了，我的恩典够你用的！你顺服了吧！"

从那以后，我妻子的病虽很长时间仍没有改善，但是我忽然发现自己不再像以前那么焦虑了，我平静了很多，而且有了喜乐的心。同时这也纠正我一直不是很清楚的概念：我们常以为只要切切向上帝要，上帝就一定按照我们的期望成就我们。其实这是一个非常错误的教导。如果是这样，他就不是我们的主，我们反倒成了他的主。我们是要通过祷告将我们所要的告诉上帝，但是一定不要忘记在祷告中最重要的一句话："然而不要照我的意思，只要照你的意思。"．

三、如果你在婚姻中感到委屈，正说明你对婚姻没有完全委身

当我在尽心竭力地服侍我妻子时，肉身十分痛苦，但我内心还是十分自豪的。因为我自认为是好男人，也是好丈夫，我也在身体力行地实践着我所传讲的婚姻原则——委身。可是那时我却发现自己什么都能忍，但就是不能忍受妻子轻视我的付出。我觉得自己所受到的一切苦难都是为了她，谁都可以不理解我，但她应该对我所付出的赞许有加、感激涕零才对。可是那段时间，无论我对她多么无微不至，她都很难吐露一句夸奖我的话。仅仅这一点我已经对她很不满意了。如果她再指出我哪里做得不到位，我简直就委屈得不得了！后来她痊愈之后，我又问及此事，她才告诉我，她痛苦不堪的时候想的是："你受的这点苦算什么？我现在所

受的比你要痛苦多了。"但当时我不理解，我对她无视我的舍己常有怨言，还对上帝说："主啊，我这个妻子一定是你搞错了。别的女人不给丈夫任何负担，丈夫还出轨呢。她不但不能满足我的需要，反而给我这么多的麻烦，我还忠心耿耿。换任何一个女人遇到我这样的男人都肯定要乐疯了。只有这个女人，身在福中不知福。她到哪里找我这样的男人？竟然还不知足？太过分了！"

后来上帝对我说："所以说不能换！这是我专门为你配合的女人。换一个乐疯了的，你还有什么功课可学？你对太太的服侍确实非常到位，做得比许多丈夫不知强多少倍，但仍然不是完全委身的爱。"我不服气地说："你说爱是恒久忍耐，我都忍耐到这个份上了，难道还不算完全委身的爱吗？"上帝说："因为你做的时候总觉得委屈。"我争辩说："我这么样的付出都没有任何奖赏，难道连点委屈还不能有？那成圣也太难了！"上帝说："委屈说明你没有完全委身，你若完全委身就不会觉得委屈。十字架是最大的冤案，但是我就是为这个来的，我丝毫不觉得委屈。委屈的感觉来自于你认为自己的付出没得到应有的回报。凡是求回报的爱，就不是真正的爱，而是感情投资。"

上帝让我们学习出于基督的爱，爱这个不可爱的人，用出于基督的信心和盼望来守候你的婚姻。

我们在疑难、困惑面前做选择的时候，另外一个挑战在于：我们做出反应之前，是否太顾忌人的感受，而非是否有圣灵的带领。

当耶稣在耶路撒冷过逾越节的时候，有许多人看见他所行的神迹，就信了他的名。耶稣却不将自

己交托他们，因为他知道万人；也用不着谁见证人
怎样，因他知道人心里所存的。（约2:23-25）

当耶稣行神迹时，以色列人就相信他，但是很快就又怀
疑他。所以耶稣的选择从不因为周围的人如何看待自己、如
何评价自己而改变，也不因他们是否相信自己而受丝毫的影
响。但是我发现太多的信徒（包括我自己）常常在做选择的
时候被周围人的眼光、态度、言语和观念所左右。我们太愿
意讨周围人的喜悦，而不是上帝的喜悦：

"我这样做，别人会说什么？"

"弟兄姊妹会怎么看？"

"他们要说我这个、那个怎么办？"

上帝曾经在这个方面给了我一个极大的挑战：

有一次我去安徽某地讲课，妻子因为身体软弱没有同
我一起出行。我到了会场，许多前来听课的人告诉我，他们
对这次课程期待已久，而且推掉许多重要的事情，好不容易
才来的。当时我深感责任重大。但是当我在第一次课间休息
打开手机时，就得到家里的信息说妻子身体出现一些问题。
我立刻打电话给我的亲属和教会里的姊妹，请她们去我家照
顾我妻子，并且告诉她们我这次课程多么重要，听众多么期
待，我的压力多么大，所以不可能立刻回去。请她们无论如
何务必帮我照顾好妻子，我明天晚上讲完课立即回去。然
后我就切切祷告，求上帝的旨意。我很清楚地得到圣灵的意
思，要我立刻停止讲课，回家看顾妻子。我对上帝说："这
怎么可能？这么多的人专门为这次课程做了这么多的投入。
看看他们期待的目光，我怎么能够说走就走？"圣灵还是催
促我回去照顾妻子。我当时想："因妻子一个人，就不顾大

家的需要，放弃这么重要的课程，这在大家看来太不属灵了！"所以我继续与上帝摔跤。我说："你是全知全能的上帝，你怎么能让我妻子在这个时候病呢？我来以前或讲完课以后都可以，可是早不病晚不病，你却偏偏让她在这个节骨眼上病，这不是故意跟我过不去吗？"你知道我当时对上帝是什么感觉吗？我对他充满了不满。我觉得自己被硬推上山顶，还没定过神来，上帝又要一脚把我踹下来，这不是故意让我当众受羞辱吗？我赌气想："死就死吧，大不了以后不再出来讲就是了。不是我不讲，你照这样待我，我也没法再继续讲了。"所以，我就向大会宣布："很抱歉，我妻子生病了，我必须马上回家，对不起你们了！我欠你们的'债'，以后有机会一定还！"说完我就迫不及待地要奔往机场，因为没有脸面再多待一会儿，想快点溜走算了。可几个同工却非要陪我去机场。我心想他们无非是想在路上大大责备或羞辱我一番，所以我百般拒绝，但他们就是要去。没办法，看来这也是上帝预备的，我非受不可。在路上，我坐在副驾驶的位子上，心里忐忑不安，不知道该沉默还是说话。说什么话？这时一个弟兄开口了："袁老师，你的课虽然没有上完，可是对我们来说，比上完更有说服力！"

我此时简直不敢相信自己的耳朵，我本来是准备受责备的，怎么会是赞扬？

另一个弟兄说："袁老师，我们都曾经遇到过这样的情况，但我们都是毫不犹豫地选择留下来工作，认为其他都是次要的。但是你今天给我们上了一堂活生生的婚姻课程。我们太有收获了！"

听了这话，你们知道我此时对上帝的感受吗？与上车前相比可谓冰火两重天！若不是在车上，我会立刻跪下来伏地向他认罪。即便在我写这段文字时，也依然是热泪盈眶。

那我们该如何查验我们所要做的决定是出于上帝的？如果你太多考虑人的感受，就会忽略上帝的感受。如果你只考虑上帝的感受，那么最终也一定会给属上帝的人带来好的感受！

> 并且有圣灵作见证，因为圣灵就是真理。作见证的原来有三：就是圣灵、水与血，这三样也都归于一。（约壹5:7-8）

首先我们要看看这个决定里面有没有圣灵的工作；其次这个决定是否使我们脱离罪的捆绑；还有这个决定里面是否有真正的赦免和饶恕。我认为一个出于上帝的决定必须有这三要素才行。

四、上帝特别怜悯"力量不够"的人

> 他的力量若不够献一只羊羔，就要因所犯的罪，把两只斑鸠或是两只雏鸽，带到耶和华面前为赎愆祭，一只作赎罪祭，一只作燔祭。（利5:7）
> 她的力量若不够献一只羊羔，她就要取两只斑鸠或是两只雏鸽，一只为燔祭，一只为赎罪祭。祭司要为她赎罪，她就洁净了。（利12:8）
> 又照他的力量取两只斑鸠或是两只雏鸽，一只作赎罪祭，一只作燔祭。（利14:22）
> 那人又要照他的力量献上一只斑鸠或是一只雏鸽。（利14:30）

你看以上经文，犯了罪是需要付出代价的，代价也是有标准的，但是上帝看你若力量不够，就会给你一个等而下之的条件，要照你的力量、信心而行。基督也同样根据每个人灵里所处的不同阶段设定不同的要求。

基督就像一个好老师，对于初学者只要比以前有进步就表扬；对于有实力的学生则要严格要求他们达标；对于优秀的学生，则要加大挑战的力度，让他们追求卓越。但这是老师的事，学生彼此之间却不应该互相比较和论断。就像对刚信主的信徒来说，特别容易蒙恩，因为还是属灵的婴孩，需要用灵奶喂养，但是渐渐长大以后就要学吃干粮了。就如同家里有几个孩子，那个身体弱一点的，就要多给他吃营养品，那个最强壮的不但不用吃营养品，还要要求他多干活。因为大家自身条件不一样，不能要求绝对平等。同样，几个儿女赡养老人，家里富足一些的要主动多给，并允许生活拮据一些的少给。如果要求大家绝对平等的话，就是自私而缺乏情义的态度了。

> 那时，大儿子正在田里。他回来离家不远，听见作乐跳舞的声音，便叫过一个仆人来，问是什么事。仆人说："你兄弟来了。你父亲因为得他无灾无病地回来，把肥牛犊宰了。"大儿子却生气，不肯进去，他父亲就出来劝他。他对父亲说："我服侍你这多年，从来没有违背过你的命，你并没有给我一只山羊羔，叫我和朋友一同快乐。但你这个儿子和娼妓吞尽了你的产业，他一来了，你倒为他宰了肥牛犊。"父亲对他说："儿阿，你常和我同在，我一切所有的都是你的；只是你这个兄弟是死而复活、失而

又得的，所以我们理当欢喜快乐。"（路15:25）

在这个故事中，大家比较容易看到浪子的问题，其实耶稣这里所讲的意思是说，大哥的问题更为严重："浪子"弟弟回来以后，父亲所给予的待遇是"好人"大哥都从未享有过的。这在一贯循规蹈矩的大哥看来简直太离谱了！善有善报恶有恶报，怎么在父亲这里都颠倒了？这种隐藏在人心灵深处的罪，就是嫉妒和自义。上帝国里讲的不是平等，而是对自己罪性的认识，对自己的罪认识越深，也才能越深地明白上帝的恩典何等浩大。

其实，凡对自己的罪性有清醒认识的人，都不会轻易定他人的罪。耶稣是最圣洁的，他没有任何的污秽，他是最有资格给人定罪的那一位，但他并没有给正在犯淫乱的妇女定罪，而是告诉她以后不要再犯了。可是现实中给人定罪的恰恰是有罪之人，一般来说，越是活在律法之下的人，越是容易用律法来论断人，越是自义的人越是要定别人的罪。当自己努力要去达到律法标准的时候，常常会对于其他没有达标的人横加指责并且自以为义。所以对曾经犯过淫乱罪但已经悔改的人，若我们统统取缔其在教堂举办婚礼的资格，实际上这反映的问题是没有真正意识到自己是一个罪人。罪人怎么能定罪人的罪呢？只有意识到自己是罪魁的人，才会对别人有真正的怜悯之心。

五、越是自觉罪恶深重的人，罪被赦免时感恩的心就越深切

有一个法利赛人请耶稣和他吃饭，耶稣就到

法利赛人家里去坐席。那城里有一个女人，是个罪人，知道耶稣在法利赛人家里坐席，就拿着盛香膏的玉瓶，站在耶稣背后，挨着他的脚哭。眼泪湿了耶稣的脚，就用自己的头发擦干，又用嘴连连亲他的脚，把香膏抹上。请耶稣的法利赛人看见这事，心里说："这人若是先知，必知道摸他的是谁，是个怎样的女人，乃是个罪人。"耶稣对他说："西门，我有句话要对你说。"西门说："夫子，请说。"耶稣说："一个债主有两个人欠他的债：一个欠五十两银子，一个欠五两银子。因为他们无力偿还，债主就开恩免了他们两个人的债。这两个人哪一个更爱他呢？"西门回答说："我想是那多得恩免的人。"耶稣说，你断的不错。于是转过来向着那女人，便对西门说："你看见这女人吗？我进了你的家，你没有给我水洗脚。但这女人用眼泪湿了我的脚，用头发擦干；你没有与我亲嘴，但这女人从我进来的时候就不住地用嘴亲我的脚；你没有用油抹我的头，但这女人用香膏抹我的脚。所以我告诉你，她许多的罪都赦免了，因为她的爱多。但那赦免少的，他的爱就少。"于是对那女人说："你的罪赦免了。"（路7:36-48）

这段经文讲述了一个罪恶深重的女人，用香膏抹耶稣的脚，并用自己的头发擦干落在耶稣脚上的眼泪。别人心想：这是人人都瞧不起的罪人，如果耶稣知道她的底细，就会斥责她离开自己。但是耶稣却讲出了伟大的真理：罪恶越深重，得到赦免时感恩的心就越深切，好像五十两银子债务与五两银子债务被赦免的区别。所以，自知罪恶深重的人，爱耶稣的心，会远比那些自以为配得救恩的人真诚得多。仅从这个角度出发，我也认为：为那些曾经淫乱但知罪认罪并决心悔改的人（正如上段经文中的罪女）在教堂举办婚礼，要远比为那些自认为没有犯罪而有资格在教堂举办婚礼的人举办婚礼重要得多。而且我认为：如果那些"好人"真的是好人的话，那么他们也一定不会因给改过的"坏人"举办同样的婚礼而产生不平，质疑"你竟然和我们一样吗？"。

六、每个人都要担自己的十字架

所以，关于离婚、再婚问题，对于牧者来说，不是给出可以或不可以的结论，而是应苦口婆心地讲出真理，像摩西临终前所做的那样，将祝福与咒诅的话都陈明在他们面前，然后告诉他们：这是你自己与上帝之间的事情，你要依靠上帝做自己的选择，而不是请人来做你与上帝之间的中保。

每个人都有自己的十字架在等待着他，这十字架是上帝预先指派给他的。每个人都必须忍受他应当承担的那份痛苦和弃绝，不过每个人所承担的份额不同罢了：有些人，上帝认为值得给予最高形式的痛苦，便赐给他们殉道的恩典；而有些人，上帝不允许给予超出他们能够忍耐的试探。但是每种情况，都完全是同一个十字架。

——朋霍菲尔

每个人都必须要承受自己的十字架，也必须要遭弃绝。耶稣当初被他来拯救的所有人弃绝，甚至于他问天父"……为什么离弃我"。我也曾经被很多人弃绝过，所有的工作伙伴都离开了我，当时我也问上帝为什么，他告诉我："这就是我在十字架上的感受。你不经历就不能真正明白我在十字架上为你做的是什么。"当你被弃绝、孤苦伶仃的时候，那时候可能你跟上帝的关系是最好的，因为你只能到上帝面前诉说。我想孤独大概是在十字架上最大的感受。我们有罪的人都不愿意被弃绝，被弃绝时连死的心都有了，但是耶稣一点罪也没有，被挂在木头上，那种羞辱是我们难以想象的。耶稣知道我们若不经历被弃绝就不能体会他在十字架上为我们做了什么，所以虽然我们每个人承担的重担不一样，但都有同样的十字架的功课。

上帝知道有些人一承担重担就压垮了，所以上帝不给他那么重的担子；有些人上帝知道值得给他那么多的痛苦，这些人是上帝看来配得的，这也是上帝的恩典。

所以对待某些曾经犯有严重错误的信心软弱的人，保罗叫我们要赦免，并安慰。

> 这样的人，受了众人的责罚也就够了；倒不如赦免他，安慰他，免得他忧愁太过，甚至沉沦了。所以我劝你们，要向他显出坚定不移的爱心来。
> （林后2:6-8）

这样的人受了责备后，要向他显出坚定不移的爱来，免得他忧愁太过，不能自拔，最后反而失去了救恩。比如初信的姊妹未婚先孕，大家都知道她犯罪了，该有的责备和真理的教导有了，并且她也已经遭受了许多羞辱，身心灵都十分软弱。这时她所急需的不是批评、指责、定罪，而是众人的鼓励和帮助，让她勇敢地面对前面的挑战。在她经济困难时也要主动帮助、关怀她。这是上帝对那还未成熟的信徒的恩典。

七、认罪悔改就可经历上帝的祝福

很多弟兄姊妹会有这样的担心：如果我们离过婚、再婚过或曾经犯过严重的淫乱罪，现在已认罪悔改，上帝还会不会祝福我们现在的婚姻呢？我们可以看一下大卫的例子：

> 哀哭的日子过了，大卫差人将她接到宫里，她就作了大卫的妻，给大卫生了一个儿子。但大卫所行的这事，耶和华甚不喜悦。（撒下11:27）
>
> "你在暗中行这事，我却要在以色列众人面前、日光之下报应你。"（撒下12:12）
>
> 大卫对拿单说："我得罪耶和华了！"拿单说："耶和华已经除掉你的罪，你必不至于死。"（撒下12:13）
>
> 大卫安慰他的妻拔示巴，与她同寝。她就生了儿子，给他起名叫所罗门。耶和华也喜爱他。（撒下12:24）

大卫犯淫乱罪、谋杀罪，所犯的罪恶远比我们一般人严重得多。但是他一旦知道错了，就真心悔改，上帝依然祝福他的婚姻和后代。从上帝对大卫的态度我们可以得知：无论人犯了多么严重的罪恶，只要真心认罪悔改，坦然接受后果，立志不再犯罪，仍可平安得福——在基督里永远都有盼望。

对教会对待离婚、再婚问题的建议

　　现在许多教会有两种倾向。有的一味地讲爱，讲恩典，不管何种情况都给举办婚礼证婚，甚至无论信不信主，只要交钱就可以给办婚礼，俨然做起婚庆服务的生意。这样一来上帝的殿岂不是成了做买卖的地方了？我们都很明白耶稣对于这种事的态度，他责备并驱赶了这些将圣殿当做市场的人。而有的教会则非常严格、苛刻。我觉得教会按照章程做事，这点是好的。因为框架放在这里，大家能知道一个大原则。但在执行的过程中具体怎样，这需要具体情况具体分析。

　　我举一些具体的例子，因为很多教会都面临这些事情。比如说"我不管你信不信主，只要你交钱了就给举办婚礼"，这是不对的。教会应有规矩：你必须是真实的悔改，才能够在上帝面前见证婚礼。婚前同居的，我认为你们现在即便要进入婚姻，也得先结束同居的关系来进行自洁。

　　　　当探子的两个少年人就进去，将喇合与她的父母、弟兄和她所有的，并她一切的亲眷，都带出来，安置在以色列的营外。（书6:23）

　　　　我便用银子十五舍客勒，大麦一贺梅珥半，买她归我。我对她说："你当多日为我独居，不可行淫，不可归别人为妻，我向你也必这样。"（何3:2–3）

　　通过上面的经文我们可以看到，上帝让我们进入一个圣洁的关系中时，以前你是怎样的人都没关系，但你在此后必须有一段分别为圣的时间，必须要自洁，这样你才能进入到神圣的关系中。像以色列对待喇合、何西阿对待歌篾一样，你得"在营外一段时间"，得独居，不可行淫，得洁净，得有这个成圣的过程。所以无论以前你们两人的关系如何，要进入神圣的婚姻关系，就要有一个悔改的表现，两人婚前停止同居。有的教会规定：信徒犯了这样的罪，教会领导可以祝福，但是不可以举行婚礼。我认为这是有悖《圣经》原则的。

> 有几个人因死尸而不洁净，不能在那日守逾越节。当日他们到摩西、亚伦面前，说："我们虽因死尸而不洁净，为何被阻止不得同以色列人在所定的日期献耶和华的供物呢？"摩西对他们说："你们暂且等候，我可以去听耶和华指着你们是怎样吩咐的。"
>
> 耶和华对摩西说："你晓谕以色列人说：你们和你们后代中，若有人因死尸而不洁净，或在远方行路，还要向耶和华守逾越节。他们要在二月十四日黄昏的时候守逾越节。要用无酵饼与苦菜，和逾越节的羊羔同吃。一点不可留到早晨，羊羔的骨头一根也不可折断。他们要照逾越节的一切律例而守。（民9:6-12）

你可以看到上帝对以色列中那些因各种原因不洁净、不能守逾越节的人，给他们机会要在犹太历的"二月十四日"再守逾越节。我们也应给恩典才对。需要严格要求的，应该是从现在开始重新持守性的圣洁，直到进入婚姻。

什么人可以在教堂举办婚礼？

在中国的教会一般有两种截然不同的态度：

一种是：无论是什么人，只要你愿意，并且付费就可以在教堂举办婚礼，接受牧师的祝福。

另外一种是：如果你曾经在婚前同居、离过婚或犯过其他淫乱罪，就失去在教堂举办婚礼的资格。

这些态度对吗？我们先来看第一种态度：如果结婚的新人都没有接受主基督耶稣的救恩，不承认耶稣是他的救主，那么他会真心乞求耶稣的祝福吗？他们在基督的殿堂举办基督化的婚礼意义何在？那不过成了一种虚无的形式，而且是在将"圣物"和"珍珠"丢给不配的人。这样的活动就好比在圣殿里兑换银钱是一样的。耶稣对待此事的态度是非常清楚的：

> 耶稣进了上帝的殿，赶出殿里一切作买卖的人，推倒兑换银钱之人的桌子和卖鸽子之人的凳子。（太21:12）

所以，接受耶稣是在他的圣殿里举办婚礼的最基本条件。这个问题比较好解释，第二种态度的讨论可能会困难一些。因为这种态度表面看上去很神圣，但实际却是不合基督心意的。

如果双方正在行不合《圣经》原则的淫乱（我们在这里强调不合《圣经》原则，是因为世界所谓的淫乱和《圣经》中所说的有很大差距），这就是"活在罪中"。那么我们当然要毫不犹豫地拒绝为他们举办婚礼和为他们做祝福祷告。因为道理很清楚：

> 给人行按手的礼，不可急促；不要在别人的罪上有份，要保守自己清洁。（提前5:22）

但是如果他们已经对自己的罪有清楚的认识，并切实立志悔改，只因为他们过去的软弱就不给他们举办婚礼，就不符合《圣经》原则了。喇合这样一个污秽的妓女，上帝都允许她成为耶稣在人世的祖先，那我们还认为她没有举办婚礼的资格吗？

但你们若被圣灵引导，就不在律法以下。（加5:18）

原来在基督耶稣里，受割礼不受割礼全无功效，惟独使人生发仁爱的信心才有功效。（加5:6）

当我们面对这些事时，首先必须清楚知道我们都是罪人，没有权柄论断他人。

就如经上所记：没有义人，连一个也没有。（罗3:10）

所以凡有血气的，没有一个因行律法能在上帝面前称义。（罗3:20上）

因为世人都犯了罪，亏缺了神的荣耀。（罗3:23）

耶稣是为罪人来的，难道教堂只为义人而设立吗？

耶稣听见，就对他们说："康健的人用不着医生，有病的人才用得着。我来本不是召义人，乃是召罪人。"（可2:17）

有曾经跌倒的人因害怕羞辱，所以就到别处去办婚礼，在一定程度上说明这些教会缺乏爱心。温州有一个年轻人跟我讲，他是一个教会的主要同工，他的教会有一个规定，凡是婚前同居的一律不可以在教会举行婚礼。牧师问他，你婚前有没有同居过呀？他张嘴说了谎："没有，没有。"教会就为他筹备了盛大的婚礼。结果在婚礼的前几天，他携妻逃跑了，跑到北京结婚，因为他不想以骗子的身份承受婚礼上的祝福。他想要上帝的祝福又怕教会里的条例，他清楚知道自己婚前同居已经犯了罪了，然后又撒了谎，他知道上帝的公义，心里承担不起这样的压力，最后他选择了逃跑。我想这事对他及他原来的教会都有亏损。

> 爱里没有惧怕；爱既完全，就把惧怕除去，
> 因为惧怕里含着刑罚，惧怕的人在爱里未得完全。
> （约壹4:18）

耶稣是最圣洁的，完全无罪的，他对犯淫乱罪的人是什么态度呢？

> 他们还是不住地问他，耶稣就直起腰来，对他们说："你们中间谁是没有罪的，谁就可以先拿石头打她。"（约8:7）
> 耶稣就直起腰来，对她说："妇人，那些人在哪里呢？没有人定你的罪吗？"她说："主啊，没有。"耶稣说："我也不定你的罪，去吧！从此不要再犯罪了。"（约8:10）

试问，人们中间有谁有资格用石头打那个行淫被抓的女人？

你们听见有话说："不可奸淫。"只是我告诉你们：凡看见妇女就动淫念的，这人心里已经与她犯奸淫了。（太5:27-28）

有淫念就是犯罪！试问有几个人可以脱罪？即便我们没有犯过淫乱的罪，那么我们是否对弟兄怀过怨？如果淫乱过的人没有资格在教堂举办婚礼，那么犯过其他罪的人是否就有资格呢？

因为凡遵守全律法的，只在一条上跌倒，他就是犯了众条。原来那说不可奸淫的，也说不可杀人。你就是不奸淫，却杀人，仍是成了犯律法的。（雅2:10-11）

所以，如果按律法衡量，按照行为查验，我们中间就没有一个人配在教堂举办婚礼。然而，上帝却给我们这些不配的人恩典，而且，上帝的恩典对所有的人都无分别。

你们从前远离上帝的人，如今却在基督耶稣里，靠着他的血，已经得亲近了。（弗2:13）

但如今，上帝的义在律法以外已经显明出来，有律法和先知为证。就是上帝的义，因信耶稣基督加给一切相信的人，并没有分别。（罗3:21-22）

所以我认为，凡是曾经犯罪跌倒的，只要对方认罪悔改，二次守洁，可再根据他们在教会中是普通信徒、还是教会带领人来考量是否在教会为其举行婚礼仪式。

牧师或传道人，必须要承担更大的责任。《圣经》教导，做执事、长老要无可指摘，做一个妻子的丈夫，若犯罪违反了此条，就不配再做长老，因为还达不到榜样的标准。带领人犯罪所带来的影响力太大了，一个人跌倒，有可能是教会一大片人跌倒啊！所以要按照教会纪律严格要求，因为上帝对他们的要求不一样。

> 作监督的，必须无可指责，只作一个妇人的丈夫，有节制，自守、端正，乐意接待远人，善于教导。（提前3:2）
>
> 执事只要作一个妇人的丈夫，好好管理儿女和自己的家。因为善作执事的，自己就得到美好的地步，并且在基督耶稣里的真道上大有胆量。（提前3:12-13）

对于刚信主不久的新信徒，我们则需要帮助他们认罪悔改，正视自己的罪，同时要充分体现基督的恩典和慈爱，所以不能和教会带领人一视同仁。这样，弟兄姊妹从教会中看到了上帝的圣洁以及恩典，大家才会愿意亲近上帝。

因此，我们的结论是，对于基督徒能否离婚、再婚的问题：

不要专注在如何满足律法上，

而是要传讲真理，并给恩典。

因为"怜悯是向审判夸胜"！

真正的基督教神学并不探究上帝的本性，而是寻求上帝在基督里的目的和旨意。基督也即上帝成为了肉身，为我们的罪而生、而死。在我们的良心为罪而煎熬的时候，若我们去揣测上帝那不可测度的全能、智慧和威严，就没有比这个更危险的事了。这样做就会完全失去上帝。因为当我们试图去测度和理解上帝无限的威严时，上帝对我们而言就变得无法容忍。

——马丁·路德

禁　果

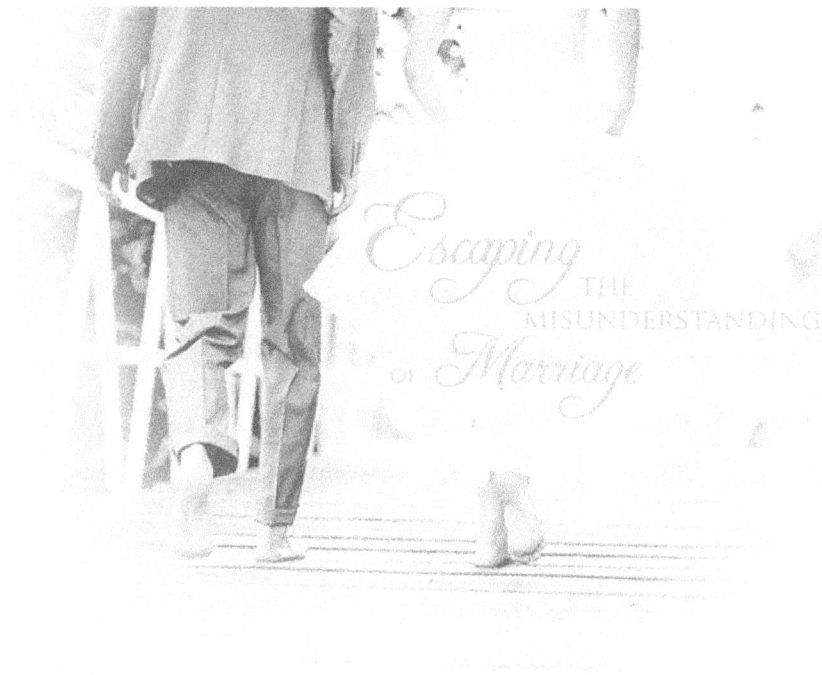

一提起"禁果"，人们总是会以为我是要谈"婚前性行为"的问题，尤其看到我的话题都围绕着婚姻家庭的主题，更会认为这一猜测八九不离十。其实我在这里正是想纠正人们对这一概念的误解。

如果你在《圣经》中查找"禁果"这个概念，你会惊奇地发现，长期以来被人们广泛使用的这一概念却在《圣经》中找不到，这不是《圣经》中真正的概念。

"禁果"顾名思义就是"不允许吃的果子"，这个概念的产生源于《圣经》中的这些经文：

> 耶和华上帝使各样的树从地里长出来，可以悦人的眼目，其上的果子好作食物。园子当中又有生命树和分别善恶的树。（创2:9）
> 耶和华上帝吩咐他说："园中各样树上的果子，你可以随意吃，只是分别善恶树上的果子，你不可吃，因为你吃的日子必定死。"（创2:16-17）

但我要在这里提醒大家的是：虽然在世人心目中，"禁果"指的是《圣经》中所说的不可吃的"分别善恶树上的果子"，但是世人所理解的意义和《圣经》真正的意义却是风马牛不相及。

"禁果"在世人的理解中是暗指两性关系。人们认为：亚当夏娃没有顺服上帝的旨意，背着上帝偷偷地发生了性关系。在上帝看来，他们做了大逆不道的事，所以受惩罚离开了伊甸园。于是，多少年来人们就常用"偷吃禁果"来形容青年男女没有结婚就发生性关系。然而，这一在社会上早已经约定俗成的概念和含义完全是世人对《圣经》的误读。

我们必须澄清：《圣经》中"分别善恶树上的果子"与性没有任何关系，而是指判断善恶的主权。上帝不让亚当吃那分别善恶树上的果子，乃是不让亚当拿到判断善恶的主权，而不是禁止亚当和夏娃发生性关系。因为是上帝创造了性。

正是上帝看到亚当一个人"独居不好"，才特意亲自为亚当造了夏娃来满足他内在的需要：

> 耶和华上帝说："那人独居不好，我要为他造一个配偶帮助他。"（创2:18）

是上帝亲自将夏娃带到亚当的跟前：

> 耶和华上帝就用那人身上所取的肋骨造成一个女人，领她到那人跟前。（创2:22）

而且上帝目的就是要他们有亲密的两性关系：

> 因此，人要离开父母与妻子连合，二人成为一体。当时夫妻二人赤身露体并不羞耻。（创2:24-25）

不仅要"成为一体"，而且他们彼此"赤身露体"没有羞耻感。这就告诉我们：性关系是上帝美好计划的一部分，夫妻之间的性关系是世界上惟一没有羞耻感的性关系。更重要的是，上帝还要他们通过两性关系繁衍后代，"生养众多，遍满地面"。上帝怎么可能会禁止亚当夏娃享受两性的亲密关系呢？所以"禁果"这个概念的广泛误用，完全是人们对《圣经》不求甚解或者根本就没有读过《圣经》而人云亦云造成的。因此，我劝基督徒以后不要再使用

"禁果"这个概念来形容两性关系。因为它根本就不是《圣经》的概念。

为何分别善恶树上的果子不可吃

当我们知道上帝不让人吃"分别善恶树上的果子"，我们可能会产生下面这些问题：

· 上帝为什么不让人拿到分别善恶的主权？

· 既然吃了必定要死，为什么不用栏杆把那棵树围起来，让亚当和夏娃根本够不到，不就可以避免犯罪了吗？

要解释这些问题就必须首先要了解"爱与自由"的关系：

· 自由是爱的重要成分。不给自由，就不是真正的爱。

· 不论多么好的事情，只要是强加于人的，对方就不会感觉到爱。

公园里经常有提笼架鸟的人，你说他们爱不爱他们的鸟？没问题，非常爱！你要知道他们每天都要花大量的时间来侍弄这些鸟，换水、喂食、打扫鸟笼，每天还要去树林遛鸟。有一年夏天，我看到一个六十多岁的老人在烈日之下用长长的竹竿粘知了，那眼神比年轻人都好。我问他："您粘它做什么？"他说："喂我那宝贝鸟。"你看，他们爱鸟之心都到了这个份上。可是如果他能听懂鸟语的话，他一定会听出来那鸟在说什么。那鸟其实在央求他："老爷爷，如果你真的爱我的话，你就把我放了吧！"所以，那老人不是爱鸟，其实是爱自己——让那鸟为自己歌唱。所以说提笼架鸟的人一定不是真正爱鸟的人，鸟也不会感到被爱。

由此我们可以联想到，那些"养儿防老"的父母们，也像那爱鸟的老人一样，对儿女是自私的爱：我培养你，是为了我日后"老有所依，老有所靠"。所以他们对儿女常常有强烈的控制欲。上帝不是这样的，他精心创造的这一切都是为了爱我们。所以他给与我们充分的自由，包括自由意志和行动的自由。但是：

　　拥有自由的权利不等于同时就有了分别善恶的能力。

　　自由，就意味着完全由自己来做决定而不是由别人来为我做决定。决定，就是有权力在"做"与"不做"之间作一个选择。虽然"做"与"不做"的行为是可以由人来选择的，但是行为本身的善恶以及所带来的后果却不是人能认知和判断出来的。比如：小孩子都喜欢用手指去捅墙上的电源插孔；你给他自由，他就会选择这样做，他有自由；但是他却不知道捅进去之后的结果会怎样，只有父母知道其后果如何。正像只有上帝知道什么是善和恶一样——那是上帝他自己的主权。上帝不让人吃那分别善恶树上的果子，一个原因是：上帝要给亚当一个考验，看他是否能完全地顺服上帝的旨意。但是如果只是为此，那么任何一棵树的果子都可以作为测验的题目。但为什么只是"分别善恶树的果子"？这里还有另一层重要的含义：上帝不让人单单根据自己的主观意识来判断善恶、决定取舍并采取行动。

　　亚当虽然一被造出来就是一个成人的身体，但是他的思想却不是一下就被按照某种模式造好的。上帝不控制人的思想，如果那样的话，我们人不过是上帝手中随意摆弄的玩偶。人的思想是要在生活的经历中逐步发展成熟的。

　　亚当被造出来生活在伊甸园时，是上帝亲自教导他，带领他。上帝只告诉亚当不能吃"分别善恶树上的果子"，却没有说不能吃"生命树"上的果子。上帝的心意十分明确：等人有了永恒的"生命"之后，才能有分别善恶的能力。

就好像一个孩童，他自己没有能力判断一件事情何为有益、何为无益。所以在他年幼的时候应由父母为他选择，并教导他、带领他、保护他，使他逐步走向成熟，并开始学习自己做决定。

在孩子幼小的时候，父母不能不加选择，任何事情不管好坏都一股脑儿地给孩子，并让孩子根据自己的主观意愿从中做出选择。因为孩子没有能力判断哪个选择对自己好，哪个对自己不好，往往会做出错误的选择而伤害自己。如果你不论好坏都给了孩子，以后发现问题又来告诉他许多"不可以"来限制他的选择，那孩子就感到处处受限没有自由。

今天的电视广告常有类似的画面：一群打扮得十分新潮的青春少女劲舞狂呼：只要我愿意，还有什么"不可以"？——这正是目前青少年普遍持有的放荡不羁的生活态度。到了这个地步，父母就已经束手无策了，然而你却可以看到这问题的根源是，父母在孩子成长的早期就允许他们吃了"分别善恶树上的果子"。

我的儿子小时候长得很瘦弱。大夫告诉我他缺少维生素和蛋白质，不能叫他吃糖和其他零食，因为那会抑制他的食欲，影响正常吃饭，从而减少维生素和蛋白质的摄入。所以我就决定不让他看到糖，而只给他提供我认为对他有益的饭和蔬菜。选择"吃不吃"和"吃哪个"那是他的自由，但无论他怎么选择都是对他有益的。可是如果我把糖、巧克力等各种零食和蔬菜同时给他摆在桌子上，然后告诉他不许吃糖和零食，只能吃蔬菜，那么他就会非常生气——觉得自己没有自由，而且感到父亲不爱他（实际上我是为了他好）。如果我依着他让他自己选，他就会只吃糖，不吃蔬菜，身体就要受损。

上帝的心意是：父母在孩子小的时候只让接触善的事情，不让他接触恶的事情，那么，孩子所领受的就一定都是善的事情。这样，孩子既能享有充分的行动自由，又只知行善、不知行恶，直到他长大成熟。这就是《箴言》22章6节所说的：

教养孩童，使他走当行的道，就是到老他也不偏离。

一、为什么只能给孩子善的，不能给他恶的

一是因为孩子的心就好像是一张白纸，你往上面画什么，就是什么。在他年幼的时候你给他灌输什么，他长大以后就会还给你什么。

善人从他心里所存的善就发出善来；恶人从他心里所存的恶就发出恶来。（太12:35）

再者，"先入为主"，当善在心里扎根以后，只要遇到与他以往所领受的相悖的事情，他就能够自动识别出来，并加以抵制。

我22岁从黑龙江生产建设兵团回到北京。那是文革后期，没有上学和工作的机会。我的父亲是个大夫，为了让我掌握一技之长日后有谋生的手段，就让我学习给人看病。我记得非常清楚，当他教我学习听诊的时候告诉我说：不要什么样的心脏都听，或急于听病人的心脏，而是只听正常的心脏，（比如说我自己的和家里健康人的心脏）。等我完全听熟了正常心脏的心音后，他才让我开始接触其他人的心脏。

而一旦遇到与我所听惯了的心音不一样的声音时，我会立刻发现这心脏"不正常"，尽管我还不能判断是什么病，但是我会很确定地说这个心脏"有病"。具体什么病那是下一步的问题。

我的侄子如今也是北京一个大医院的放射科大夫了。有一次和他聊起为什么他能看出片子上什么地方有问题，他竟然说出同样的原则：开始时只看健康人正常的片子，以后只要一个病人的片子出现在眼前，就会立刻指出哪个地方出了问题，因为它与以前看到的正常片子都不一样，所以"有病"。我们要明白上帝愿意我们的心永远单纯得像一个孩子。很多人可能会质疑：如果我们只给孩子善的不让他接触恶的，一旦他走进充满邪恶的社会不是尽吃亏吗？所以很多家长从小就教给孩子很多防身术：

干活长点眼力，不打勤不打懒，专打没眼的。

随大流的不吃亏。

事不关己，高高挂起。

人不犯我，我不犯人；人若犯我，我必犯人。

……

一个妈妈因为自己的孩子在幼儿园被别人欺负了，不但不安慰孩子，反而对自己的孩子大吼："别人打你，你没长手吗？你就不会打他。你这么孬种，以后还不尽受别人欺负？你这辈子能干什么？"于是乎就带着孩子怒气冲冲地来到幼儿园，她没有去找老师，而是找到那个欺负人的孩子，命令自己的孩子说："昨天他打你哪儿了，你现在就打他哪儿；他打你多重，你就打他多重。"然后对孩子说："我就是要让你记住了：咱不欺负人，但也绝不能让人欺负了！"

虽然家长也会给孩子很多有益的教导，但是，当你将这样一些世俗的观念搅和在一起给孩子的时候，你会发现孩子掌握更牢固的往往是后者。这就是"污染"。你的孩子被污染了。

> "万军之耶和华如此说：你要向祭司问律法说，若有人用衣襟兜圣肉，这衣襟挨着饼，或汤，或酒，或油，或别的食物，便算为圣吗？"祭司说："不算为圣。"哈该又说："若有人因摸死尸染了污秽，然后挨着这些物的哪一样，这物算污秽吗？"祭司说："必算污秽。"于是哈该说："耶和华说：这民这国，在我面前也是如此；他们手下的各样工作都是如此；他们在坛上所献的也是如此。"
>
> （该2:11-14）

这段经文告诉我们：人接触圣洁的东西不能因此成为圣洁，但是接触污秽的东西则肯定会受到污染，就好像一件新衣服，保持清洁很困难，但要弄脏它简直太容易了。这就是为什么上帝要我们与这个世界"分别为圣"。耶稣期望我们的心永远像一个孩子那样单纯，不被污染。

> 当时，门徒进前来，问耶稣说："天国里谁是最大的？"耶稣便叫一个小孩子来，使他站在他们当中，说："我实在告诉你们：你们若不回转，变成小孩子的样式，断不得进天国。"（太18:1-3）

你看，很多人都以为一个人头脑越复杂、心眼越多就越成熟，所以很多的家长看到自己的孩子很灵巧、很会说讨人喜悦的话、从来都占便宜而不吃亏就感到很高兴；若发现自己的孩子不会讨巧就失去安全感了。因为我们盼望自己的孩子在复杂的社会上能够游刃有余。然而这却不是上帝的心意。所以耶稣要我们"回转"——就是掉过头来，往回长。往哪儿？往小孩子的样式长，就是洗去心灵所受到的污染，向我们小的时候无忧无虑、天真无邪的样式"发展"。

> 耶稣说："让小孩子到我这里来，不要禁止他们，因为在天国的，正是这样的人。"（太19:14）

二、罪越少，自由就越多；罪越多，自由就越少

耶稣为什么要我们圣洁？因为我们心里面越圣洁，就越有外面的自由；里面越有罪恶，外面的自由就越少。过去我们社会的民风很淳朴的时候，人们拥有很多的自由。我记得小的时候，我奶奶出去买菜从来都不锁门，只跟邻居喊一声："郭妈帮我看下门，我买菜去。"那时真是"路不拾遗，夜不闭户"，连银行都是玻璃门而从来没有铁栅栏。现在呢，不要说平房，就连住高层建筑的都是家家铁门铁窗，甚至要加几道锁。人还没有犯刑事罪就早早把自己关进了"牢笼"。

创世之初，上帝只给人一条命令，那就是不许吃"分别善恶树上的果子"。其他的呢？可以"随意吃"。后来随着人的逐步堕落，就有了"十诫"，乃至详尽的摩西律法书。这不正是向人说明这一点吗：里面越罪恶，外面所受的辖制就越多，人身的自由就越少。

我一个朋友在一个太平洋的小岛国工作了许多年。回国后，他告诉我说：他刚去的时候，那里的当地人都很

"傻"——卖蔬菜和水果的小贩都基本没有价格和斤两的概念，你给他"一点钱"，然后你就自己看着合适的拿。奇闻！没有价格和斤两的概念怎么做买卖？可是人家多少年来一直都是这样的传统和风俗，没有任何问题。但是他又告诉我说：可是现在不行了？为什么？因为我们"聪明人"——中国人去的多了。短短几年，我们就把他们也都带"聪明"了。现在那里的土著有价格和斤两的概念了，但还没有"聪明"到缺斤短两的程度。

而且他还告诉我：那里的警察现在养成了一个毛病，专门"找碴"查中国人的护照。为什么，因为最初遇到中国人犯事，警察要查看他们的护照时，他们就在护照里加上几张纸币递过去。那里的警察以前从没有这么容易就得来的"外快"，开始还不太习惯，现在可好了，当地警察一没钱花就到中国人集中的地方找麻烦并查他们的护照。你看看，人的心不纯洁，会产生多少负面影响。

因此对于我们来说，一生中最重要的就是保守心的圣洁。

> 你要保守你心，胜过保守一切，因为一生的果效，是由心发出。（箴4:23）

我们一生最重要的事情是保守心灵的圣洁，因为你有什么样的心灵，就会有什么样的人生，而不是你的财富和能力决定你的人生。当你明白这个道理时，每当遇到灵与肉的争战时，你才可能做出正确的选择。我们常常会遇到这样的状况：

撒个小谎就可以得到一个就业的机会；

假装不知道就可以逃避一个责任；

修改一个数字就可以得到大笔的利润；

……

很多人的态度是，要看那个利益是否足够大而决定选择yes还是no。当你以利益为导向做选择的时候，你也许会得到一些切身利益，但是你的心灵却往往会因此而失去平安。初次撒谎时的脸红和心跳就说明这一点。只是因为这样的经历多了，我们开始对某些小罪心安理得，所以很多的人从小错小罪开始，直到可以"面不改色心不跳"地犯大罪。《圣经》告诉我们，无论那边的利益多么诱人，如果它会让你的心灵失去平安就要坚决地拒绝，因为保守你心灵的圣洁才是你一生最大的利益所在。

> 在洁净的人，凡物都洁净；在污秽不信的人，什么都不洁净，连心地和天良也都污秽了。（多1:15）

这就是问题的关键所在：心，是我们做事的出发点，是河流的源泉。源泉的洁净与否决定整个河流的水质。如果河流的源头被污染了，那么整条河的水都不能再饮用了。当你心灵圣洁时，你所做的一切都会讨上帝的喜悦；如果你的心灵污秽，你做什么事（甚至在世人看来是好的事情）都会让上帝厌烦，因为你根本的动机就是不洁净的。上帝的心意只向那些像孩子般心地纯正的人显露：

> 那时，耶稣说："父啊，天地的主，我感谢你！因为你将这些事向聪明通达人就藏起来，向婴孩就显出来。父啊，是的，因为你的美意本是如此。"（太11:25-25）

很多人曾经问我："从《圣经》中我怎么看不出上帝的心意？我怎么听不到上帝对我讲话？"我就告诉他上帝首先会看我们的内心是否圣洁。因为他的旨意只向心地单纯的人显露。所以我们洁净自己的心是亲近上帝的第一步。

> 我们当深深考察自己的行为，再归向耶和华。
>
> （哀3:40）

三、没有内心的纯正，知识和智慧的增加只会给人带来更多烦忧

我们都愿意有更多知识和智慧，因为我们认为知识和智慧会给我们带来利益和安全感。所以你会看到大多数的父母在教育孩子的时候更看重孩子对知识的获得。但是《圣经》说：

> 因为多有智慧，就多有愁烦；加增知识的，就加增忧伤。（传1:18）

这里不是说增加知识和智慧不好，而是说如果没有一个好的心态，尽管你所增长的见识可能会给你带来一些现实的收益，但是这些见识使你考虑事情更复杂，对未来的担心更多。而且在享受到你的收益的同时，你的贪婪和不安全感也会增加，所以你根本得不到收获的喜悦。任何事物都有两面性。多见世面可以让你看到从没看到过的美好，但也会让你感受到以往感觉不到的痛苦。

在几年前的电视节目中我看到过一个典型的故事：

在陕西山区有一个聪明美丽的农家姑娘，嫁给了本村一个很好的小伙子。两人结婚之后生了一儿一女，过着平静安逸的生活。这是令全村都羡慕的家庭。但偶然的一次西安之行彻底打破了家庭的宁静。因为她聪明伶俐，所以村里派她去西安出差。她有生以来第一次见到了繁华的城市生活，回来之后就失去了心灵的平静。"原来人还可以有这样的生活？"她每天都叹息不已，逐渐家里的事情也不愿意做了，对孩子也失去了往日的耐心和关爱，对丈夫也百般地挑剔。最后她决定舍弃家庭到外面的世界去寻找自己所向往的生活。临行前，丈夫、婆婆、一双儿女都苦苦地哀求："你不能走，你一走这个家就散了。"但是她"义无反顾"地踏出了家门。多年后，她通过自己的奋斗，果然立足于大城市之中，并得到了自己想要得到的一些东西。但是我们却不能在她脸上看到一丝一毫成功的喜悦，所看到的是她眉宇间紧锁的忧愁。因为她永远也割舍不了的家庭亲情和未尽的家庭责任，不停地搅扰她内心的平安。

我们基督徒应该知道：我们的好处不在耶和华之外。

> 我的心哪，你曾对耶和华说："你是我的主，我的好处不在你以外。"（诗16:2）

也就是说：任何的"好处"，只要不是来自耶和华的，那就一定不是好处。所以我们不求世界的好处，乃是单单求上帝的赐福。因为"耶和华所赐的福，使人富足，并不加上忧虑"（箴10:22）。但我们往往所要的只是耶和华的赐福，可是我们都不愿意像小孩子那样"单纯"。

现在的社会上常常把单纯的人称为"傻瓜"。我在刚步入社会的时候，看到和自己一样年纪的人都已经那么"会来事"，而为自己总是傻呆呆的感到非常自卑。常常心里埋怨父母为什么没有教会自己这些"聪明"。

在黑龙江建设兵团时，有一次我们十多个知青步行到五十多里路外的县城去"打牙祭"，回来的时候实在走不动了，那时候我才16岁。路上根本没有公共汽车，即便有，我们也付不起车费。招手拦过路的货车，司机都是毫不减速呼啸而过，睬都不睬。有的司机会减速，等我们一闪开道路准备上车，他突然加速冲过去甩开我们。我们多次被涮，很是恼火。眼看着天都黑了，越来越冷。我们就商量横向一字排开站在路中间，大家说好任何人都不许躲开，逼着过路的汽车完全停下来再请他捎带我们。如果不同意就坚决不让路。大家甚至赌咒发誓谁闪开就不是人。我自告奋勇站在路的最中间。

等了很久终于有一辆载重汽车来了，我们都像看到救星一样，大声呼喊停车。那司机毫不减速并急促地鸣喇叭示意我们闪开。我们仍岿然不动。司机却没有像以前的司机那样减速，而是要硬闯过去。大家一看情况不妙都刷地闪开了。只有我闭上眼睛坚决地站在那里。就在这千钧一发之际，那司机踩了急刹车。感谢那路面的质量差，坑坑洼洼的利于刹车，否则我就不能跟你们讲这个故事了。即便如此，汽车的保险杠也已经顶到了我的身体。司机和我都吓坏了。这时其他人都已经趁机爬上了车，并说死了也不下来。没有办法，司机只好作罢，但是他指着我说："除了这小子别人都可以搭车。他不下车我不开！"大家都苦苦地求那司机，荒郊野外扔下我一个人肯定喂狼了。接着就和着司机一起骂我。我当时一声不吭坐在那里生闷气，脑子里完全没有想万一被单独撒下的危险，而一个劲地琢磨："不是说好了大家都不躲闪，怎么到时候都躲闪了，把我一个人丢在那里？怎么这么不守信用？要不是我坚守，你们现在怎么可能有车坐？现在却都来骂我？"

我怎么也想不通。最后我总算也搭了车，但是一路上当我指责没有坚守阵地的"逃兵"时，"逃兵们"反而一起嘲笑我"真傻"、"太幼稚"、"脑子里缺根筋"。我问："你们怎么不感谢我，反而和司机一起骂我？"大家听了哈哈大笑："你太孩子气了！我们要是不和他骂你，司机能让我们坐车吗？你要是不学着点这最基本的为人之道以后还得吃大亏。"

我从那时开始"领悟"到：我是应该"成熟"一些了，人在社会上不能太单纯太实在！否则老吃亏。——你看，我们的复杂都是这样慢慢学来的。

人们不愿意单纯是因为缺乏安全感，怕吃亏，怕被恶人算计。但是我信了主之后才明白，我们永远不能靠自己的"聪明灵活"保护自己不受恶人的欺负，不被别人算计。上帝要我们保守心灵的纯正，而将自己的道路交托给他。

> 人心筹算自己的道路，惟耶和华指引他的脚步。（箴16:9）
>
> 人心多有计谋，惟有耶和华的筹算，才能立定。（箴19:21）
>
> 但你耶和华是我四围的盾牌，是我的荣耀，又是叫我抬起头来的。我用我的声音求告耶和华，他就从他的圣山上应允我。我躺下睡觉，我醒着，耶和华都保佑我。虽有成万的百姓来周围攻击我，我

也不怕。（诗3:3-6）

因为一切都在上帝的手中，他每时每刻都在看顾我们。既然如此，我们还有什么可担心的？所以在与人交往中，不要使心计，要坦诚、率真。保罗告诫我们要情愿吃亏。

你们彼此告状，这已经是你们的大错了。为什么不情愿受欺呢？为什么不情愿吃亏呢？（林前6:7）

父母对孩子的教育也同他们的信念有很大关系。父母们，你们谁能保护你们的孩子永远都不受欺负不吃亏呢？没有人能。惟有把他交托给基督，让他在基督里承蒙上帝亲自的保守，才能使他得真正的永久的福气，而不是一时的便宜和不吃亏。

随着我对上帝认识的加深，我开始明白我们不能靠自己来保护自己，我们的真平安都来自上帝。

你要专心仰赖耶和华，不可倚靠自己的聪明。（箴3:5）

不要劳碌求富，休仗自己的聪明。（箴23:4）

我感谢主基督耶稣，是他使我这个已经被社会变得笃信"复杂"的人，又开始教导自己的儿子要"单纯"了。我告诉他：与别人有纷争的时候要谦让，因为这样必得耶和华祝福。后来上帝真的给他单纯谦和的品行，给他很多的祝福。因为行善的人心里平安，行恶的人没有安全感。

恶人虽无人追赶也逃跑，义人却胆壮像狮子。（箴28:1）

古人云"君子坦荡荡，小人常戚戚"，说的也是这个道理。为什么会这样？因为人们常"以自己之心度他人之腹"。该隐杀了人，就担心别人都要杀他："你如今赶逐我离开这地，以致不见你面。我必流离飘荡在地上，凡遇见我的必杀我。"（创4:14）骗子也常常认为别人都在骗他。我曾在电视法制节目中看到过多个相似的案例：一些在逃的杀人犯，多年之后投案自首。他们说外逃的日子里，从来没有睡过一个安生觉、吃过一顿安生饭，只有进牢房的那一刻心里才踏实了。

只有把自己交托在上帝手中，才能享受真平安。

四、上帝不让人自己来"分别善恶"还有以下原因

人是受造之物，辨别善恶的高度、角度、标准和能力都受到自身条件的制约，所以在做决定时常常会背离上帝的意旨。

> 我所找到的只有一件，就是上帝造人原是正直，但他们寻出许多巧计。（传7:29）
>
> 你要察看上帝的作为，因上帝使为曲的，谁能变为直呢？（传7:13）

1、人辨别善恶的标准与上帝不同

过去没信主的时候，我认为自己是天下少有的好人："如果人都像我袁某人这样，这个世界早就平安无事优哉游哉了。"当我认为自己是好人时，上帝看我是罪人。听别人说我是罪人的时候，我大不以为然，而且相当反感："我怎

么会有罪？我没罪！"后来，当我认识到自己是罪人的时候，上帝却说我因信称义了。他看我为义人了。

过去我认为自己是一个很谦卑的人。可是每当我心里说："你看，我多么谦逊！"上帝却告诉我说："你现在正在骄傲！"当我认识到自己的骄傲，开始向上帝忏悔："主啊，我怎么这么骄傲？"上帝却对我说："哦，你开始谦卑了！"你看，他的标准和我们人是不一样的。

> 人所行的，在自己眼中都看为正，惟有耶和华
> 衡量人心。（箴21:2）
> 因为人所作的事，连一切隐藏的事，无论是善
> 是恶，上帝都必审问。（传12:14）

2、人辨别善恶的角度与上帝不同

我们看表面，而上帝看人心。

当撒母耳奉上帝的差遣去耶西家为以色利膏抹未来的王时，看到耶西家外形俊美的儿子，就以为这一定是上帝所拣选的王。然而，

> 耶和华却对撒母耳说："不要看他的外貌和他
> 身材高大，我不拣选他，因为耶和华不像人看人，
> 人是看外貌，耶和华是看内心。"（撒上16:7）

结果，上帝却拣选了7个儿子中相比之下最不起眼的牧羊娃大卫。因为大卫里面有一颗敬畏耶和华的心。我们人在如何看人的问题上常常犯和撒母耳同样的错误——注重外表。

在现代人结婚恋爱的问题上就可以清楚地看到这一点：人们首先看重的是彼此的外表而忽视里面的品格。

> 你们不要以外面的辫头发、戴金饰、穿美衣为妆饰，只要以里面存着长久温柔、安静的心为妆饰，这在上帝面前是极宝贵的。（彼前3:3-4）

你看，上帝的价值观与人的价值观是不同的。

3、人辨别善恶的高度与上帝不同

世上有很多事情，在某个局部或某个时间段看来是不好的，但是从全局或长久来看却是好的。

约瑟就是我们所说的那种单纯得在人看来几乎有点愚蠢的孩子。他本来就因为受到父亲的溺爱而遭十个哥哥嫉妒。他但凡有点心计就应该学会保护自己，极力去讨哥哥们的喜悦，以避免受到哥哥们的伤害。可是他却对哥哥们没有一点防范之心。他完全没有意识到：把哥哥们的恶行告诉父亲会给自己带来麻烦；把自己所做的梦讲给哥哥们听会招来更多的忌恨。而且他竟然会在没有人陪同的情况下，孤身一个人到很远的牧场去看望那些对他早已恨之入骨的哥哥们，结果遭到哥哥们的陷害。但是，这在人看来是糟透了的事，而在上帝那里，却是一个美好计划的实施步骤。

> 从前你们的意思是要害我，但上帝的意思原是好的，要保全许多人的性命，成就今日的光景。（创50:20）

人都喜欢福乐，认为患难是不好的事情，所以一有福乐到来就欣喜万分，一遇到劳苦患难就痛苦不堪。我们只是跟着自己的感觉走，感觉好就好，感觉不好就不好。然而，我们的感觉实在是太有限了。我们完全不能了解那造物主的智慧。

> 我见上帝叫世人劳苦，使他们在其中受经练。

（传3:10）

原来劳苦对我们品格的历练是有益的。上帝爱我们，所以才给我们劳苦。保罗告诉我们这个属天的奥秘：

> 因为知道患难生忍耐，忍耐生老练，老练生盼望，盼望不至于羞耻……（罗5:3-5）

反之亦然：很多我们认为的"好事"、"美事"，给我们带来暂时的满足，却会对我们的家庭、儿女以及我们一生的幸福产生极大的破坏作用，比如：婚前同居、婚外恋以及追求个人的名誉、地位、财富等。

4、如果不是上帝赐下智慧，人根本没有辨别善恶的能力

人能识别什么是真的吗？如果能的话就不会出现那么多的假神、偶像崇拜，以及假药、假酒、假名牌。

人能识别什么是善的吗？如果能的话就不会被制造和推销毒奶粉的所欺骗。那些口口声声要让国人每天都能喝到一杯奶，声称要关爱孩子健康的人却是往牛奶和奶粉里放毒药的人。

人能识别什么是美的吗？如果能的话就不会有那么多丑

陋的行径和妆扮。现在年轻人的穿着打扮唯影星、歌星、球星的生活样式是瞻，而其中很多都是遭上帝所厌恶的：

上帝不许人在自己的皮肤上刺青。"也不可在身上刺花纹。我是耶和华。"（利19:28下）那意思是说：皮肤虽然长在你的身上，可那却是我所造的，我是你的上帝，我为你造的皮肤也是最完美的，你万不可以在我完美的创造上再画蛇添足，因为，那是对我的大不敬。可是如今的社会越来越多的男女都以在皮肤上刺青为时尚。这就好像一个狂徒在一件价值连城的美术作品上乱涂乱抹。

上帝不要人着异性装束，而现代人以异性的装束为时尚。男人喜爱长发披肩、戴耳环、说话娘娘腔，很多男人热衷各种化妆品。北京地铁里有段时间曾经到处是一个男人使用化妆品挑逗的巨幅照片，令每个正常的男人像吃了苍蝇般难受。而女人们又都是男人一般的短打扮，且越来越短——头发越来越短、衣服越来越短、裙子越来越短、裤子越来越短，而且说话铿锵有力，句子越来越短——从装扮到性情到行为举止都越来越男性化。你会发现：在这个时代，越是不男不女、性格很中性的演员越容易走红。然而这是上帝憎恶的：

> 妇女不可穿戴男子所穿戴的；男子也不可穿妇女的衣服，因为这样行都是耶和华你神所憎恶的。
> （申22:5）

上帝为什么命令以色列人不要穿戴异性的装束呢？因为装束对人的性格发展是有影响的。许多人的同性恋倾向都与早年穿戴异性装束或经历异性生活方式有关。你会发现，一个常在戏剧中饰演异性的演员在现实生活中的一举一动都会带着异性的特点。

上帝是最伟大的艺术家，而且创世之初的每一件作品，上帝都"看着是好的"——意即：完美无缺、无可挑剔。所以他接着又命令说要"各从其类"，就是说万物都要按照他所创造的原本样式去生长和发展。其实我们都会意识到，所有的人工的"艺术"作品，无论是绘画艺术、雕塑艺术、音乐艺术、语言艺术、园林艺术等，一定都是越接近"自然"就越有审美价值。"自然"就是上帝创造的原本样式。而且人们对各种人类艺术最大的否定莫过于"不自然"。所以，如果人随己意无故改变上帝的创造，就是违背上帝的律例；违背律例就是"不自然"；不自然的事不仅看上去很丑陋，而且也是对创造主的大不敬。有人会说："我怎么就看着挺美的，我怎么就没有觉着丑陋啊？"那正说明他们的心思意念与上帝的不一样。《圣经》中将凡是违反上帝律例的都称之为"邪僻"。你看现在我们周围充斥着多少"邪僻"的事情？为什么会有这些"邪僻"存在？因为他们不认识上帝：

> 他们既然故意不认识上帝，上帝就任凭他们存
> 邪僻的心，行那些不合理的事。（罗1:28）

所以我们人类根本就不能像上帝那样分别善恶，因为我们是被造之物：

> 耶和华说："我的意念非同你们的意念，我
> 的道路非同你们的道路。天怎样高过地，照样，我
> 的道路高过你们的道路，我的意念高过你们的意
> 念。"（赛55:8-9）

5、即使分辨善恶，人也没有行善的力量

我们接受主基督而有圣灵内住后，随着属灵生命的逐渐成熟，我们开始能够分辨世界上的某些善恶了。可是，即便能够知道善恶，我们却常常没有行善的力量。

> 因为我所作的，我自己不明白。我所愿意的，我并不作；我所恨恶的，我倒去作。（罗7:15）
>
> 我也知道在我里头，就是我肉体之中，没有良善。因为立志为善由得我，只是行出来由不得我。故此，我所愿意的善，我反不作；我所不愿意的恶，我倒去作。（罗7:18-19）
>
> 我觉得有个律，就是我愿意为善的时候，便有恶与我同在。（罗7:21）

保罗是非常属灵的人，如果说连保罗都是这样的一种状况，我们没有人可以例外。当人自己要分别善恶时，所行所想却常常是恶，而很少是善。

> 耶和华见人在地上罪恶很大，终日所思想的尽都是恶。（创6:5）
>
> 时常行善而不犯罪的义人，世上实在没有。（传7:20）

我们信奉基督的人"分别善恶"的能力远比非信徒要强得多，因为我们有圣灵的带领，有《圣经》的参照。但是我们依然经常会在上帝的儿女中看到种种悖逆的行为：

明明知道不要侍奉玛门，还要每天一门心思赚钱；

明明祈求"不叫我们遇见试探"，还要涉足充满诱惑的

场合或事物；

明明知道要避免淫乱的事，还要有婚外情、婚前同居；

明明知道信与不信不能同负一轭，还要找不信主的人结婚……

上帝不让人为每日的生活忧虑，要人认真考虑自己的归宿。但人却偏偏每日为生活忧虑，却从来不愿考虑自己的归宿。

> 他不多思念自己一生的年日，因为上帝应他的心使他喜乐。（传5:20）
>
> 往遭丧的家去，强如往宴乐的家去，因为死是众人的结局，活人也必将这事放在心上。（传7:2）
>
> 所以，不要为明天忧虑，因为明天自有明天的忧虑；一天的难处一天当就够了。（太6:34）

上帝不叫我们论断别人，要我们常常反省自己的罪和过犯，而我们却偏偏常常论断别人的罪，很少"看到自己眼中的梁木"。

> 你这论断人的，无论你是谁，也无可推诿。你在什么事上论断人，就在什么事上定自己的罪。因你这论断人的，自己所行却和别人一样。（罗2:1）
>
> 弟兄们，你们不可彼此批评。人若批评弟兄，论断弟兄，就是批评律法，论断律法。你若论断律法，就不是遵行律法，乃是判断人的。（雅4:11）

上帝不叫我们在这个世界上论断，就是因为我们现在还不能按照上帝的心意来分别善恶。

设立律法和判断人的，只有一位，就是那能救人也能灭人的。你是谁，竟敢论断别人呢？（雅4:12）

我们要耐心等待，到了天上与基督一同作王之后，才有这个能力。

我们若能忍耐，也必和他一同作王。（提后2:12上）

我又看见几个宝座，也有坐在上面的，并有审判的权柄赐给他们。我又看见那些因为给耶稣作见证、并为上帝之道被斩者的灵魂，和那没有拜过兽与兽像，也没有在额上和手上受过它印记之人的灵魂，他们都复活了，与基督一同作王一千年。（启20:4）

所以，我们应该明白：

上帝因着爱而给我们自由，因为上帝不愿强迫我们顺服，而是要我们主动亲近他并心悦诚服地依靠他；但是人滥用了自由，从上帝那里窃取了分别善恶的主权。他要让我们从一系列的失败中明白：我们由着自己分别善恶就会走向灭亡。他愿意我们主动地将亚当夏娃窃取的"分别善恶"的权力交还给他，就好像一个知错的孩子对父亲说："爸，我错了。我知道你是对的，以后我听你的话了！"这就是为什么我们凡事都要先祷告求问上帝的心意，不能凭自己的血气和属世的聪明才智一意孤行。

6、我们要顺服上帝而不要与上帝较力争胜

可悲的是：我们常常"与上帝较力"。"以色列"的意

思就是"与神与人较力，都得了胜"。

> 只剩下雅各一人。有一个人来和他摔跤，直到黎明。那人见自己胜不过他，就将他的大腿窝摸了一把，雅各的大腿窝正在摔跤的时候就扭了。那人说："天黎明了，容我去吧！"雅各说："你不给我祝福，我就不容你去。"那人说："你名叫什么？"他说："我名叫雅各。"那人说："你的名不要再叫雅各，要叫以色列，因为你与上帝与人较力，都得了胜。"雅各问他说："请将你的名告诉我。"那人说："何必问我的名？"于是在那里给雅各祝福。（创32:24-29）

很多的基督徒以为，上帝是因为雅各与自己摔跤坚持不懈以至于得了胜，所以才祝福他。那么，"与上帝摔跤"岂不成了好的事情？不是的。摔跤，就是你往这边用力我就往那边用力，你往那边拧我就往这边拧，反正总是跟对方相反。"与上帝摔跤"就是跟上帝较劲，就是《圣经》中所说的"与我反对"：

> 你们行事若与我反对，不肯听从我，我就要按你们的罪加七倍降灾与你们。（利26:21）
> 你们因这些事若仍不改正归我，行事与我反对……（利26:23）
> 你们因这一切的事若不听从我，却行事与我反对……（利26:27）
> 他们要承认自己的罪和他们祖宗的罪，就是干犯我的那罪；并且承认自己行事与我反对……（利

26:40）

以色列阿，你与我反对，就是反对帮助你的，
自取败坏。（何13:9）

所以说，与上帝摔跤不是件好事。而且《圣经》中也告
诉我们，雅各与上帝较力要受到惩罚：

耶和华与犹大争辩，必照雅各所行的惩罚他，
按他所做的报应他。他在腹中抓住哥哥的脚跟，壮
年的时候与上帝较力；与天使较力并且得胜，哭
泣恳求，在伯特利遇见耶和华；耶和华万军之神在
那里晓谕我们以色列人；耶和华是他可记念的名。
（何12:2-4）

你想：他是至高无上的上帝；你跟上帝反着使劲，而且
竟然执拗到胜过上帝，那能有什么好处？

"耶和华啊，你是我们的上帝，不要容人胜过
你。"（代下14:11下）

所以，我们一定要记住不要与上帝较力。

既然上帝不喜欢雅各与上帝摔跤，为什么还要同他摔一
夜那么长的时间呢？这恰恰要说明上帝对他的容忍和怜爱，
并且反衬出雅各的顽梗。因为上帝要雅各彻底醒悟：你这样
的较劲是徒劳无功的，你必须学会顺服上帝的旨意。所以上
帝不仅耐心作雅各的"陪练"，而且"就将他的大腿窝摸
了一把，雅各的大腿窝正在摔跤的时候就扭了"（创32:25
下）。摔跤主要就靠大腿窝的肌肉，现在上帝轻摸了一下，

雅各连走路都不稳了还摔什么跤？谁听说过瘸子摔跤的？上帝就是要让雅各知道：实际上，一切尽都掌握在上帝的手中。

7、上帝所喜爱的不是雅各争强好胜的性格，而是他紧抓住上帝不放的态度

那人说："天黎明了，容我去吧！"雅各说："你不给我祝福，我就不容你去。"（创32:26）

雅各没有说："你不祝福我？对不起，有祝福我的。我去找别的上帝去了！"他紧紧地抓住耶和华不放，单单仰望他，求他的祝福。而不是像雅各的后代以色列人那样，动辄就去拜假神。这就是上帝要我们具备的忠诚。我们知道上帝将以色列人比喻成他的妻子。这个妻子虽然有许多的毛病，但是只要她对丈夫忠诚，没有外心，单凭这点她的丈夫就会喜悦。

你会发现：作为基督徒，我们也同雅各一样常常与上帝较力，我们不顺服，总要按照自己的意思来分别善恶。结果我们总是感到每天像是摔了一夜的跤似的疲惫不堪。所以，要从雅各那里学到重要的功课：我们越早学会顺服上帝，并单单仰望他，就会越早得到安息。

8、上帝要我们谦卑下来向他求问什么是善恶

那时，耶稣说："父啊，天地的主，我感谢你！因为你将这些事向聪明通达人就藏起来，向婴

孩就显出来。父啊，是的，因为你的美意本是如此。"（太11:25-26）

C·S·路易斯说，世界上有两种人：一种人对上帝说："主啊，愿你的旨意成就在我身上！"（那意思是：主啊，你怎么说我就怎么做！）另一种人，则是上帝对他说："好吧，你随心所欲吧。"（拿我们今天的俗话就是说：我不管你了，你自己爱干什么就干什么去吧！）

当然是第一种人更蒙福。但可悲的是：我们这个世界上第二种人占了绝大多数。而那少量的第一种人中，还有相当大一部分是"心灵固然愿意，肉体却时常软弱"的。

9、世上没有绝对的自由

耶和华神吩咐他说："园中各样树上的果子，你可以随意吃，只是分别善恶树上的果子，你不可吃，因为你吃的日子必定死。"（创2:16-17）

上帝给人那么多的自由——园中各样树上的果子，你可以随意吃；

而只给人一点的约束——只是分别善恶树上的果子，你不可吃。

我们在前面说：自由是爱的重要成分。不给自由，就不是真正的爱。那么为什么上帝还要给人约束呢？若完全没约束不就说明上帝的爱没有保留吗？他为什么保留这个约束呢？

我们要知道：自由一定要伴随约束，这是上帝的律例。

世上没有绝对的自由。当你享有一个自由的时候，就必然会同时受到更多的约束；当你自觉遵守一个约束的时候，你就会同时得到更多的自由。

比如说：你可以享有行动的自由而不遵守交通规则，但是你同时就会受到交通事故、身体伤痛、罚款和吊销驾照的约束；你可以享有性的自由，不顾及婚姻里的忠诚，但是你同时就会受到艾滋病、性病、名誉受损和家庭破裂的约束。

反过来，如果你自觉地遵守交通规则的约束，你同时就会享有快乐驾驶、免受处罚以及安全到达目的地的自由；你自觉地接受婚姻委身关系的约束，你同时就会享有安全性生活、和谐家庭、健康身体的自由。

可是，人往往只想要尽可能多的自由，而不想要任何的约束。所以，人没有为那么多"可以随意吃的"感恩，而偏偏只对那一个"不可吃的"不满。

10、你为自己能看、能听、能吃、能喝，拥有健康的身体而感恩吗？

2008年，我在四川见到一个幼时被父母遗弃的盲童（如今他已经长成少年，并且能用钢琴自弹自唱赞美诗）。当时，他谈到自己被亲生父母所遗弃，而教会救了他，将他抚养成人并认识主基督耶稣，他从心里感谢主的恩典！大家都为他的美好见证而赞叹不已！弟兄姊妹问了他许多问题，最后他问："我是否可以问你们一个问题？你们在座的有曾经为自己的眼睛能够看见光而向上帝感恩的吗？"我的眼泪夺眶而出：说真的，我不知道别人，但我自己从来没有为此向上帝感恩过。看到这个盲童，听到这个扎心的问题，我才明白：上帝为什么创造了盲人、聋哑人以及其他的残疾人。不是上帝的创造错了，而是他要借着这些人肉体上的软弱让我们这些健康人知道什么是恩典，学会感恩并且学会去爱。

> 光，本是佳美的，眼见日光也是可悦的。人活多年，就当快乐多年；然而也当想到黑暗的日子。因为这日子必多，所要来的都是虚空。（传11:7-8）

我们太多的信徒，常常只看到别人有而自己没有的方面，所以总是埋怨上帝"为什么我没有"：

为什么我没有房子？

为什么我没有车子？

为什么我没有工作？

为什么我没有对象？

……

一旦有了之后，我们又总是埋怨上帝"为什么我的不如别人"：

为什么我的房子不如他的大？

为什么我的车子不如他的好？

为什么我的工资不如他的高？

为什么我的对象不如他的漂亮？

我们很少为自己目前所拥有的感谢上帝。若我们不知道为自己已经得到的感恩，我们就不会感到喜乐。因为人的幸福感来自于内在需要的满足。你只有觉得满足的时候才可能幸福。然而，当你看不到自己所拥有的，而一心只想获得还没有的，这就叫贪婪。你就会变得越来越贪婪。贪婪的人永远不知道感恩，所以就永远也感受不到幸福。

> 我所见为善为美的，就是人在上帝赐他一生的
> 日子吃喝，享受日光之下劳碌得来的好处，因为这
> 是他的份。（传5:18）

人心灵的需要是无限的，不受时间和空间的限制。所以任何在时间和空间方面有限的事物都不能使它得到真正的满足。惟有永恒的上帝他自己才能够满足我们心灵的需要。

只有当我们得着上帝并被上帝所得着的时候，我们的心灵才能真正地得到满足。到那时，你知道一切都是上帝的恩典，你也会看到自己目前所拥有的恩典：可以自由呼吸的空气，可以尽情饮用的净水，能够看见的阳光，能够享用的食物……并为这些过去在你看来都无所谓的事物而感恩，也只有这样你才会因满足而喜乐。否则，人"眼睛的明亮"只能使自己更加贪婪、嫉妒、焦虑、沮丧和痛苦。

关于婚姻家庭辅导工作
的几点建议

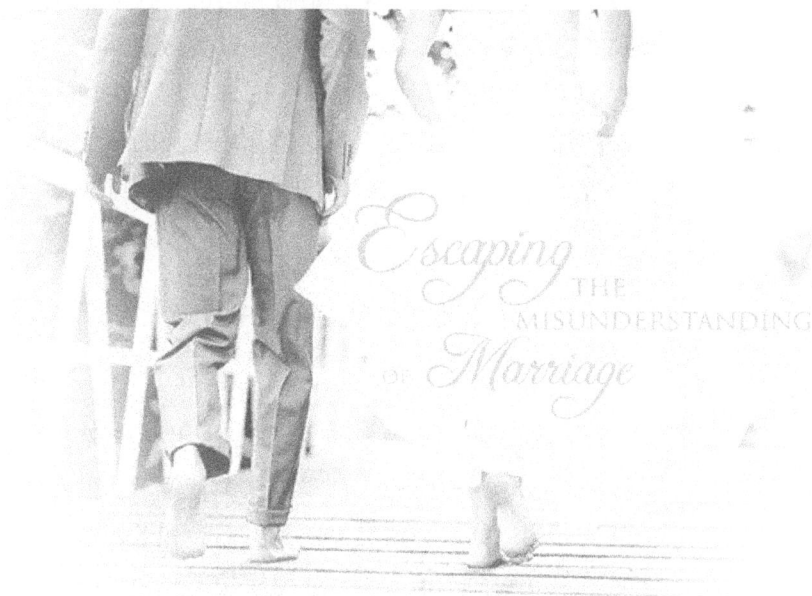

有个弟兄想做非信徒的婚姻辅导工作，来问我的意见。我说，这方面我不做，但我不反对你们做。如果你真要做的话，目标一定要清晰：不是仅仅帮助他们改造婚姻，而是要借着婚姻的造就工作，把他们带到耶稣基督的面前。这才是大使命。婚姻辅导不是大使命，但你所做的任何事情都应该是为着大使命而做的。

耶稣说：离了我，你们就不能做什么。不讲耶稣、不提救恩、不把人引向上帝，上帝就会说"这事跟我没关系。"那么这事做的就没有意义了。一定要做跟耶稣有关系的事。你如果一定要采用性格测试、心理分析、沟通方法等常用手段的话，我也不反对你用。但你用的目的一定是建立关系，而建立关系的目的很清楚，就是要把他们引向基督。

> 基督差遣我，原不是为施洗，乃是为传福音，
> 并不用智慧的言语，免得基督的十字架落了空。
>
> （林前1:17）

你始终抱着这样的目的，工作才有意义。如果你把夫妻俩弄和谐了，但两人都没有认识基督，从上帝的角度看你是失败的。如果你终究没能把他们弄和谐，最后他们还是分了，但其中一个信主了，你就成功了一半，明白吗？真正的目的是让他们认识到：婚姻再幸福和谐，若没有救恩，最终也只能是兴高采烈下地狱。

在此，我们基督徒父母也要警醒，你想没想过你做的很多事无异于送自己的孩子下地狱，如：过于看重孩子的学习成绩、文凭、工作，但是儿女得不得救无所谓。这说明父母没有真正了解救恩的意义，不以救恩为最宝贵的。基于以上

原则，我给基督徒婚姻辅导工作者几点劝勉：

· 做基督化婚姻事工要基于上帝的呼召而不是个人兴趣或市场需求。

· 要把救恩，而不是"幸福和谐"作为婚姻辅导工作的目标。

· 婚姻中的委身是以品格为基础的，品格就是基督的生命。因此，我们婚姻辅导的过程是帮助夫妻亲近主的过程，也就是生命打造的过程。

· 基督化婚姻辅导不是以自己丰富的知识去教导别人，而是用自己的生命影响别人生命的过程。

· 只要传福音就会击中撒旦要害，因此要有属灵征战的意识和预备。只要你行在上帝的旨意当中，撒旦绝不会让你一帆风顺，它定要搅扰你、攻击你，千方百计迫使你停下手中的工作。你自己的婚姻是它最先攻击的对象。

· 上帝为锤炼我们成为他合用的器皿，也会加给我们许多的困苦，让你亲身经历比他人更多的挫折和患难。

这些年妻子的病带给我的压力和麻烦还不是最令我痛苦的事，最痛苦的莫过于弟兄姊妹对我们这一状况不理解、论断。处在软弱之中的人最需要的是同情和理解，安慰和支持。最初，我不敢将满脸痛苦之情的妻子带出去，因为所听到的话语都令我的心感到刺痛：

有人说："袁老师，您要按照您给我们讲的方式对待妻子。"

有人说："袁老师，你们是不是还有没认的罪？"

也有人说："你们可能不饶恕别人，才导致今天的样子。因为你们不饶恕别人，上帝也不饶恕你们。"

……

听了这些话，我一开始的反应就是，当面谦和点头，说回去想一想，可回到了家就向妻子发牢骚："你说我对你怎么样？有像我对老婆这么好的吗？可是你今天这个样子陷我于不仁不义的境地，你知道吗？大家都认为我是一个言行不一的伪君子。"我妻子有时会委屈地向我说："对不起！"可是她一道歉，我反而马上就会更加自责："老婆都这样痛苦了，我还给她施加压力，我这不是伪君子是什么？"但有时她听到我的抱怨也会向我发火："你痛苦？我现在比你痛苦多了！"

门徒问耶稣说："拉比，这人生来是瞎眼的，是谁犯了罪？是这人呢？是他父母呢？"（约9:2）我想提醒弟兄姊妹，当我们看到处在危难、疾病和困苦中的人时，我们的思维惯性常常会像这句经文中的门徒那样，首先想到的是他犯了什么罪或者是他的父母犯了什么罪，而不是怜悯困境中的人。这是很危险的。

这段痛苦的经历对我来说意义非凡，因为我醒悟到过去婚姻事工做得得心应手、我们的婚姻也"幸福美满"时，自己对来寻求帮助的夫妇也一定是审判大于怜悯——常常注重指出他们的问题所在，而不是"与哀哭的人同哭"。几年来的痛苦经历使我有了极大的转变，最大的变化就是我的心比以前柔软了许多。只有自己经受过那样的痛苦，才能真正体会到身陷痛苦之人的需要。

无论我们处在什么境况，要相信我们的上帝总不撇下我们：

> 我们在一切患难中，他就安慰我们，叫我们能用上帝所赐的安慰去安慰那遭各样患难的人。我

们既多受基督的苦楚，就靠基督多得安慰。我们受患难呢，是为叫你们得安慰，得拯救；我们得安慰呢，也是为叫你们得安慰。这安慰能叫你们忍受我们所受的那样苦楚。（林后1:4-6）